"林徽因还是那朵莲，亭亭枝蔓，植于民国的城池，端然而立，风华绝代。有关她的情事，已被太多的人知晓。无论是徐志摩，还是梁思成，又或是金岳霖，都只是打她身边经过的路人，纵算有过漫长的交集，终没有谁陪她走到最后。不要问她到底爱谁多一些，又或者，她到底是谁的白莲，花落何处，情归谁心。于我心里，她只是一位民国女子，纵有倾城之姿，到底柔软多情。她看似清醒明透，波澜不惊，又可知，其内心的山水，从来无人能懂。"

——摘自白落梅著作

《你若安好 便是晴天：林徽因传》

▲ 三岁时的林徽因

▲ 1916年的林徽因

◀ 青年时期的林徽因

林徽因的女人哲学课

6堂优质女性成长课

陈三霞　吴玲

——著

江西人民出版社
Jiangxi People's Publishing House
全 国 百 佳 出 版 社

图书在版编目（CIP）数据

林徽因的女人哲学课 / 陈三霞，吴玲著. -- 南昌：

江西人民出版社，2018.2

ISBN 978-7-210-09983-3

Ⅰ.①林… Ⅱ.①陈… ②吴… Ⅲ.①林徽因（1904-1955）

—人物研究②女性—人生哲学—通俗读物

Ⅳ.①K826.16②B821-49

中国版本图书馆CIP数据核字（2017）第305238号

林徽因的女人哲学课

陈三霞　吴玲 / 著

责任编辑 / 冯雪松　胡小丽

出版发行 / 江西人民出版社

印刷 / 天津嘉杰印务有限公司

版次 / 2018年2月第1版

2018年2月第1次印刷

880毫米×1280毫米　1/32　7印张

字数 / 162千字

ISBN 978-7-210-09983-3

定价 / 26.80元

赣版权登字-01-2017-966

如有质量问题，请寄回印厂调换。联系电话：010-64926437

▲ 1920年，林徽因与父亲林长民

▲ 1920年，林徽因于伦敦

▲ 1920年，林徽因去欧洲途中与同船旅客

▲ 1922年，林徽因于北平雪池林寓

▲ 1922年，林徽因与梁思成于北平雪池

◄ 1922年前后，林徽因与梁启超和梁思庄

序　我的心是一朵莲花

浙江杭州，江南水乡之地，秀水绕着青山而来，款款深情，绵绵情意。自古人杰地灵，才子佳人层出不穷。

林徽因便出生在这里，呼吸着温润的空气，感受着雨露的滋养。

她的父亲林长民，是民国初年闻名士林的大才子，又是倡言宪政、推进民主政治的革命先行者，声名显赫，在风云乍起的年代，有着举足轻重的地位，其灵活的头脑和开放的思想，使其能够走在时代的前沿，抓住隐藏在动乱之下的契机，扬起新时代的风帆。

1904年6月10日，林徽因呱呱落地，发出清脆而响亮的啼哭声。开始了她的执拗与倔强，她的优雅与精致，也开始了她波澜美丽的一生。

她原名林徽音，出自《诗·大雅·思齐》："大姒嗣徽音，则百斯男。"承载着父辈对女儿的殷切期望，或许也未曾预料到，她的名字将成为一种信仰，成为一个无可取代的符号，成为几位男子的蜜糖或砒霜。

她璀璨的未来由他的父亲为其开启了第一道大门，少年时，父亲带着她出国游历，扩展胸襟，给她的生命里注入了独立、平等、自由的意识源泉，成为她一生奉行的准则。

她属于那个时代，却又独立于那个时代，她不甘心只是洗手作羹汤，只做相夫教子的家庭主妇，正如她的诗："如果我的心是一朵莲花，正中擎出一支点亮的蜡，荧荧虽则单是那一剪光，我也要它骄傲的捧出辉煌。"

16岁的她就已经明确了人生的方向，比起30岁还左摇右摆、不知所终的女人来说，她实在令人钦佩。她不只是说说而已，更不是三分钟的热度，为了自己的目标，她追寻着自己的意义。

人生的玄机在此刻彰显无遗，冥冥之中，命运指引她走向预定的轨道，却又驶向不同的道路，欣赏另一种风景。

她是建筑学家，她也是诗人，是作家，她的灵动与锐气是不可多得的宝藏，引得无数精英为之倾倒。

她读过的书，成为她攀爬的阶梯，使得她站在比寻常人更高的位置，去重新审视自己的人生、审视这个社会。在无数次的冥思之后，她终于知道自己该何去何从，该为何而奋斗，又该如何去奋斗。

世人仰望她的才情，将诗人、作家的名号赠予她，捧起她的诗歌、散文细细品味。一字一句，一段一章，费尽心思、绞尽脑汁去琢磨她的情感，去描述她的世界。

自以为愈是接近她的文字，就愈是接近她的灵魂。殊不知，她正如浩渺无边的宇宙，既神秘又复杂。

世间凡人百态，皆不是她。时钟的指针一圈圈走了这么久，昼夜交替，春秋变换，却再未能有一个她出现，用智慧的眸子审视大地万物，用哲人的思维盘点风云变幻，用热情的文字赞美生命，思索万物。

她用短暂而又永恒的一生，神圣而庄严地诠释了对自由、爱与美的向往与追求，淡雅却不冷艳，知人情却不世故，竭尽所能却不急功近利。

　　我们不去评断她的是与非、对与错，只是将她视为我们的姐妹或是朋友，一个有着七情六欲的普通人。抛开近百年的隔阂，将时间缩短，再缩短，毫无偏见地走近她。

　　读一读她的文字，听一听她的故事。她不再是神坛之上不食人间烟火、不可触碰的神。再没有人能如她这般，惊艳这世界，温柔这岁月。

▲ 1924年，林徽因与梁思成陪同泰戈尔

▲ 1924年，林徽因与泰戈尔

目　录

1

◀1927年，林徽因与梁思成在
宾夕法尼亚大学读书时代

▲ 1928年，林徽因与梁思成在加拿大结婚照

1 2 3 4 5 6 7 8 9

Lesson 1

你若安好，便是晴天
——做一个淡定的女子

▲ 1941年，林徽因病中在四川南溪李庄

▲ 1946年，林徽因于昆明

淡定的女人最优雅

人都有着复杂多变的情绪，喜怒哀乐不足以道尽人生。

从容应对生活，以平和的心态看待大苦大悲、大欢大喜，独留一份自在于心间，再痛苦的经历，都浇不息心中的希望之火。

最昂扬的人生姿态是乐观豁达，达观者得之坦然、失之淡然。

女人若习得"淡定"二字，面对俗世纷扰，不缓不急、不卑不亢，即使不施水粉，不描眉黛，那股优雅脱俗的气质浑然天成，如池畔的莲花，等待风来，静静盛开。

肺病折磨了林徽因很久，它摧残着她，她忍受着它，总是不顾身体忘我地投入到工作中。

为了求个心安，梁思成特意找了一家比较好的教会医院，带林徽因做了一个全面细致的身体检查。X光检查结果出来之后，医生把梁思成叫进治疗室，严肃、慎重地向他宣布了林徽因的病情，她的肺部已经形成空洞，怕是华佗再世也无力回天了。

残忍的消息飘入耳朵，扎得人心生疼痛。梁思成不敢相信这个事实，也不知道该如何同妻子说这件事。如果疾病可以代替，那么他愿意为她分担。

出乎意料的是，病人自己却很坦然，如同看透了生死的界限，知道事已至此便无须再挣扎，甚至宽慰起丈夫来，似乎病重的人不是她

3

一样。

她越是云淡风轻，梁思成就越是心痛。

后来他们商定，梁思成先返回李庄处理北返的事宜，费正清陪林徽因直奔昆明。在昆明落脚的地方是唐继尧的祖宅，有一个宽敞豪华的大花园，非常适合安心静养。

恰逢此时，张奚若、钱端升夫妇、老金等一帮老朋友经过长时间的分离终于又聚集在她的周围，将欢声笑语又带到了她的身边，和她一起消磨了大把的时间。

闲暇之余，林徽因便给远在美国的费慰梅写信以寄相思：

我终于又来到了昆明！我来这里是为三件事，至少有一桩总算彻底实现了。你知道，我是为了把病治好而来的。其次，是来看看这个天朗气清、惠风和畅、遍地鲜花、五光十色的城市。最后并非最无关紧要的，是同我的老朋友们相聚，好好聊聊。

前两个目的还未实现，因为我的病情并未好转，甚至比在重庆时更厉害了——一到昆明我就卧床不起。但最后一桩我享受到的远远超过我的预想。几天来我所过的是真正舒畅而愉快的日子，是我独自住李庄时所不敢奢望的。

……

我们用两天时间交谈了各人的生活状况、情操和思想，也畅叙了各自对国家大事的看法，还谈了各人家庭经济，以及前后方个人和社会状况。尽管谈得漫无边际，我们几个人（张奚若、钱端升、老金和我）之间，也总有着一股相互信任和关切的暖流。更不用说，忽然能重聚的难忘的时刻，所给予我们每个人的喜悦和激奋。

病魔不断侵蚀着林徽因的健康，然而，她却没有在意，既然不能与病魔握手言和，不如笑对生活。贴心的家人朋友，热爱的建筑事业和美学追求，是她的"忘忧草"，帮她忘记烦恼和无奈。

携一份从容，装点残缺的梦。

时不时地，会看到暴跳如雷的女人，涨红的脸颊、狰狞的表情以及堪比女高音的声调。也许只是因为人与人之间的一点小摩擦，宁可形象尽毁，也不愿意一笑了之。

许多女人往往就毁在易焦易躁的脾气上，这是再精致的妆容，再得体大方的衣着也掩盖不了的。为了点小事就不依不饶的女人，又岂会在大事上有所收敛。

过日子就如海上行船，难免会遇上大风大浪，若只是慌乱不安，迟早是要翻船的。

月有阴晴圆缺，人有悲欢离合，此事古难全。

昆明地处云贵高原中部，海拔明显高于内陆平原，这对林徽因的呼吸和脉搏都会产生不良影响，肺部的病痛每天都在折磨着她。

纵然如此，她还是找到了丝丝惬意。

围绕在她身边，与她做伴的老朋友们，常使她忘记了自己是个重病患者。那些看不完的书籍，像一汪清泉滋润着她的心扉，对抗着生命的日渐枯竭。

尚且生存一天，她就不允许悲观的入侵。

在写给费慰梅的信中，她用轻快的文字叙述了住在"梦幻般"别墅的感受：

一切最美好的东西都到花园周围来值班，那明亮的蓝天，峭壁下和小山外的一切……房间这么宽敞，窗户这么大，它具有戈登·克莱格早期舞会设计的效果。就是下午的阳光也好像按照他的指令以一种梦幻般的方式射进窗户里来，由外面摇曳的桉树枝条把缓缓移动的影子泼到天花板上来。

不管是晴天或者下雨，昆明永远是那样的美丽，天黑下来时，我房间里的气氛之浪漫简直无法形容——当一个人独处在静静的大花园中的寂寞房子里时，忽然天空和大地一齐都黑了下来。这是一个人一辈子都忘不了的。

女人喜欢"无事生非"，本来不存在的事可以说成有，一丁点的小事可以说成是天大的事。稍微的不快也可以被无限制地放大，自编自演一出愤世嫉俗的戏剧，除了自己烦闷外，一无所获。

而林徽因将砸到她身上的苦难自我化解，她相信生命有其自己的轨迹，她要做的不是向上天苦苦追问，而是活在当下，珍惜这有限的属于她的时光。

豁达是一种境界，不为人所难，不为己所难，知道自己还有能力承受，便收敛棱角，与一切尖锐柔和处之；豁达，更是危难之中，心中尚存生的渴望，看淡一切，随遇而安。

声嘶力竭并不比沉默无语来得更有力量。

随着病情的加重，住院是避免不了的了。

一眼望去，到处是冰凉的白色，无形的压迫感扑面而来，还没来得及缓过神，心就好像已经被揪住了。

林徽因没有怕，她以林徽因式的微笑迎接病房和治疗。

她写信给远在大洋彼岸的朋友费慰梅说：

我还是告诉你们我为什么来住院吧。别紧张。我是来这里做一次大修。只是把各处零件补一补，用我们建筑业的行话来说，就是堵住几处屋漏或者安上几扇纱窗。昨天傍晚，一大队实习医生、年轻的护士住在院里，过来和我一起检查了我的病历，就像检阅两次大战的历史似的。

我们起草了各种计划（就像费正清时常做的那样），并就我的眼睛、牙齿、双肺、双肾、食谱、娱乐或哲学，建立了各种小组。事无巨细，包罗无遗，所以就得出了和所有关于当今世界形势的重大会议一样多的结论。同时，检查哪些部位以及什么部位有问题的大量工作已经开始，一切现代技术手段都要用上。

如果结核现在还不合作，它早晚是应该合作的。这就是事物的本来逻辑。

她不信命，她只相信科学和人性。

为防万一，林徽因给费慰梅写了诀别信：

再见，我最亲爱的慰梅。要是你忽然间降临，送给我一束鲜花，还带来一大套废话和欢笑该有多好。

在推上手术台之前，她淡淡地投给梁思成一个无言的微笑。

在这场与死神的博弈中，她赢了一次，顺利地完成了一次治疗。家人朋友为她感到高兴，她会心地笑着，感受着身体的温度。

她在诗中写道：

如果我的心是一朵莲花/正中擎出一支点亮的蜡/荧荧虽则单是那一剪光/我也要它骄傲的捧出辉煌。

算做一次过客在宇宙里/认识这玲珑的生从容的死/这飘忽的途程也就是个——/也就是个美丽的梦。

她生命的最后一程，是在北京同仁医院度过的。

死亡在向她靠近，她却没有屈服。她认真对待每一次治疗，积极配合每一位医生和护士。纵然生命放弃了她，她却不能放弃自己。

她是拜伦的崇拜者，床头那本《拜伦诗选》陪她熬过了一天又一天，意志清醒时，她便自顾自地沉醉在文字里：

世间哪有一种欢乐和它过去的相比，呵，那冥想的晨光已随着感情的枯凋萎靡；并不只是少年面颊的桃红迅速地褪色，还未等青春流逝，那心的花朵便已凋落。

于是有如死亡降临，灵魂罩上致命的阴冷，它无感于别人的悲哀，也不敢做自己的梦，一层厚冰冻结在我们泪之泉的泉口上，尽管眼睛还在闪耀，呵，那已是冰霜的寒光。

哦，但愿我所有从前的感觉，或者复归往昔，但愿我还能对许多一去不返的情景哭泣；沙漠中的泉水尽管苦涩，但仍极为甘美，呵，在生命的荒原上，让我流出那种眼泪。

字里行间都是她力量的源泉，在她没有力气翻动书页的时候，她也要将手放在书本上，默默汲取着继续斗争的力量。

何谓淡定，冷静镇定，从容平和，乐观豁达。

这是自古以来的人生真谛，只是很多人忙着匆匆向前，慌忙间挥霍着时光，却不曾停下脚步自省一番。

矜持，矜持，再矜持

快节奏生活的时代，一切恩怨情仇，都可以在瞬息之间归于幻灭。芸芸众生，习惯了将是非、好恶挂在嘴边，唯恐旁人不得要领。

男人们一副侠肝义胆的样子，吵嚷着要征服某位姑娘的芳心；女人们面对突如其来的追捧，不知不觉间就乱了分寸，一股脑儿地入了戏，轻信了花言巧语，忘却了矜持。

矜持，意为慎重、拘谨。

若是用来形容男人，大概多会让人觉得缺少男子气概，忸怩的样子便浮现在眼前。所以，这两个字算是女人的专属。怀着矜持的态度，慎重地看待每一件事，做出令自己不后悔、令别人不轻视的抉择。

矜持、谨慎、从容地去应对别人抛来的一团似火的热情，不被短暂的热闹所蒙蔽，尤其是感情，怎能光凭文字来积累。

少女时代的林徽因，是这样想，也是这样做的。

与浪漫才子徐志摩的相遇，始于一个不是偶然的偶然。

徐志摩为了请求林徽因的父亲林长民，帮助拜会他十分景仰的狄更生，特意来到林长民的住处与之详谈，以方便他的引荐。

清脆的门铃响过后，推开门的不是别人，正是如花似玉的林徽因。顾长秀挺的身材、俊逸潇洒的气质，以及纯真谦和的微笑，给客人一股如沐春风的感觉。

在愈发熟络的交谈中，林徽因不动声色地俘获了徐志摩的心，使他情不自禁地靠近她，想念她，为她作诗，为她倾诉，甚至愿意献上自己的灵魂。

16岁的林徽因，正是情窦初开的花样年纪，憧憬着未来，播洒着现在。对文学有着浓厚兴趣的她，拜读过徐志摩的诗作之后，不由得崇拜起眼前这位有着风雅谈吐与外貌的大哥哥。聪颖的才气、渊博的学识，相见恨晚的感觉，油然而生。

被林徽因强烈吸引着的徐志摩，一到林家下午茶的时间，总是不请自到。藏在心里的一番话，总是碍于林长民在场而搁浅。

写信，便成为弥补这一空白的好方法。时间、地点都不成问题，偌大的天地间只剩下他与她，他可以尽情地吐露心声，表达自我，只盼望她能收下这一腔肺腑与热忱，待相逢时，回馈给他一个舒心的微笑便已足够。

铺满纸张的情话，奔放热烈，让17岁的林徽因脸红心跳、辗转难眠：

也许，从现在起，爱、自由、美将会成为我终其一生的追求，但我以为，爱还是人生第一件伟大的事业，生命中没有爱的自由，也就不会有其他别的自由了；——烈士殉国，教家殉道，情人殉情，说到底是一个意思，同一种率真，同一种壮烈；——当我的心为一个人燃烧的时候，我便是这天底下最最幸运又是最最苦痛的人了，你给予了我从未经过的一切，让我知道生命真是上帝了不起的杰作；——爱就是让人成为人，你懂得爱了，你成人的机缘就到了；——如果有一天我获得了你的爱，那么我飘零的生命就有了归宿，只有爱才可以让我匆匆行进的脚步停下，让我在你的身边停留一小会儿吧，你知道忧伤正像锯子锯着我的灵魂……

为了心中的那份挚爱，他甘愿化作一块陨石，甘愿忍受通体的炽热，也要来到她身旁，做默默无闻的守护。

面对这触手可得的爱，有多少人可以不动心、不动情，可以泰然自若？

女人特别容易被感动，遇到一点小事情都会犹豫不决，面对火热的爱慕之情，该做出怎样的举动，才不至于自乱阵脚，做出令自己后悔的抉择呢？

矜持，矜持，再继续矜持。

情绪难免会被对方感染，毕竟能够获得他人的青睐，是多么值得骄傲的一件事。那些带着温度的话语，极大地满足了女人的虚荣心，无须掩饰自己心中的窃喜，这是不可否认的事实。

而这时候的女人更容易陷入一种假象，念着，想着，然后就真地陷了进去，迷乱了心智，做出不自洁的举动，不合时宜地回应着对方的追捧，留下刻骨的情殇。

我们无法将责任推到对方身上，毕竟每个人都有喜欢别人的权利，他可以想尽方法、挖空心思地去讨好心仪的姑娘，陷在爱情里的男人，多半也是不冷静的，凭着一腔热血肝脑涂地，只为博美人芳心。

理智的林徽因，完全颠覆了17岁应有的情商，她冷静克制地看待这一切，坚定着内心的原则和底线，她欣赏他、崇拜他，也真心感谢他的陪伴和在文学道路上的指引，可她却不能给他对等的回应。

那一封封热情的求爱信，林徽因一边听着怦怦的心跳声，一边看了又看。她迷茫了，不知道在接下来的相处中，她要以怎样的心情和表情，来面对他炙热的目光。

他愿意摆脱婚姻的束缚来到她的身边，哪怕背上千古骂名，他也希望许给她一个未来，他甘愿做她裙边的一株杂草，只为守护在她的身边。

一时的感动，并没有令林徽因迷失自己。面对诗人的一腔热血，林徽因并非没有半点动容。然而，她的可贵就在于，她的冷静与理智占了上风，没有被一时的感动与热情冲昏了头脑，从而贸然接受他的一片痴心。

她明白，此人终非佳偶，并不是她心中所企盼的另一半。

"徐兄，我不是您的另一半灵魂。我们是太一致了，就不能相互补充。我们只能平行，不可能相交。我们只能有友谊，不能有爱情。"

措辞严谨又直白，是友谊，不是爱情。

在告别的信中，林徽因写道："我走了，带着记忆如锦金，里面藏着我们的情，我们的谊，已经说出和还没有说出的所有的话走了。"

又说："上次您和幼仪去德国，我、爸爸、西滢兄在送别你们时，火车启动的那一瞬间，您和幼仪把头伸出窗外，在您的面孔旁边，她张着一双哀怨、绝望、祈求和嫉意的眼睛定定地望着我。我颤抖了。那目光直进我心灵的底蕴，那里藏着我的无人知晓的秘密。她全看见了。其实，在您陪着她来向我们辞行时，听说她要单身离你去德国，我就明白你们两人的关系起了变故。起因是什么我不明白，但不会和我无关。"

这便是她对于那份爱慕之情的回答，坚定又不失稳妥，没有留下半点可以回转的余地，只盼望各自珍重，其他都留作回忆。

徐志摩曾说："你是我波心一点光。"林徽因没有接受这份爱，她拒绝给他进一步接近自己的机会，主动与他划清了界限，只希望保持最纯真的友谊。

女人选择一个相伴一生的爱人，需要考虑众多的因素。她与他相遇时，还只是一个16岁的少女，很容易被他的热忱和狂热蒙蔽了双眼，看不清自己真正想要的是什么。

到底是爱上他这个人，还是仅仅被他激烈的追求所感动，以致让自己错误地以为这就是爱情。

这个时候，她选择退一步，从旁观者的角度来审视这份感情。她承认，他是她无趣生活中的一个奇遇，然而这一场疯狂，不能改变她的人生主流。

多年以后，林徽因回忆起这段往事，对自己的儿女这样说过："徐志摩当初爱的并不是真正的我，而是他用诗人的浪漫情绪想象出来的林徽因，而事实上我并不是那样的人。"

林徽因的理性使她保持着一份矜持，也正是由于这份矜持，使她剥开缠绕在周身的热火，冷静地面对自己，面对徐志摩。她与他保持着适当的距离，没有放任一时的情动，这是对自己负责，也是对徐志摩负责。

这场爱情拉锯战，林徽因赢得漂亮。她没有背弃应有的理智，更没有因一时的冲动而介入徐志摩的婚姻，背负上拆散别人家庭的罪名。

也许有人认为这是林徽因的胆怯，她不敢回应徐志摩对她的爱。

不，与胆怯无关。

诗人的一厢情愿没有得到回应，不是因为她的懦弱，也不是因为她的羞涩，而是她的矜持与理智时刻提醒着她，要慎重地面对。

每个女人的生命中，都会遇到爱情的难题。

也许是一个对你痴情不悔的男子，让你犹豫不决，不知如何选择；也许是你为之奋不顾身的男子，他的薄情与冷漠让你撞得头破血流，却义无反顾。

爱情混杂着很多种可能，自是不能一一细数。

　　可不管如何，请记住你是女人，不是无所不能的女金刚。

　　事物都有表面与内在，有时候难免会看走眼，甚至会乱了心。不要任由自己迷失，而忽略了可以看清真相的蛛丝马迹。

　　是女人，就要懂得矜持的意义。不是抛砖引玉，故作姿态，而是防止一时疏忽大意，害人害己。这是保全自己，也是保护别人的万全之策。

　　愈是癫狂，愈是该冷静下来，重新自省一番，问一问自己，是不是该矜持。

面对"仇敌"，也要平和

没有人拥有全世界的朋友，也没有人拥有全世界的敌人。

有人欣赏你，也就会有人厌恶你。对于真心赞美自己的人，我们报之以微笑，并乐意与之成为朋友，引为知己；对于瞧不上我们的人，也无须严厉回击、大声反驳或辩解。

对别人恶意的中伤，是选择以牙还牙还是一笑了之？这是需要慎重思考后，才能作答的问题。

当年，位于北京东城区北总布胡同3号的四合院（现为24号院）是林徽因的居所，"太太客厅"也指的是这里。在这里，她以自己独有的魅力征服了当时的文人墨客，赢得了他们的赞美。

她是胡适眼中的"中国一代才女"，她是徐志摩"波心里的一点光"，是沈从文口中"绝顶聪明的小姐"，是金岳霖甘愿终身不娶、"逐林而居"的理由，是梁思成心中"老婆是自己的好，文章是老婆的好"。

"太太客厅"以她为中心，聚集于此的都是当时北京城数一数二的学者、教授。他们三五成群地来到林家，大家无拘无束、畅所欲言。

参与进来的宾客，以男士为主，客厅里常伴有欢声笑语，不断碰撞出智慧的火花。

不管哪个年代，受欢迎的女人，虽令人羡慕，但也招人嫉妒。说到这里，便不得不提冰心。

李健吾说："她们（林徽因和冰心）是朋友，同时也是仇敌。"

1933年9月，冰心发表小说《我们太太的客厅》，从发表之日起，就不断有人质疑，这篇小说旨在讽刺林徽因的"太太客厅"。

《我们太太的客厅》讲述的是发生在北平的一座独立小院的客厅中的故事。这个客厅被仆人炫耀为"我们太太的客厅"，是太太举行沙龙聚会的场所。在详细地描述过客厅的布置后，主角们便纷纷登场了。先是太太、太太的佣人和女儿，随后是艺术家、自然科学家、政治家、哲学教授、诗人、外国的交际花、医生——出现在情景里。

华灯初上时，客人纷纷离去，唯独诗人留了下来，待我们的先生回来后，我们太太在诗人离去的那一瞬间，"忽然地站起，要叫住诗人"，但诗人已走出了小院门口，走出了院中的光影，消失在茫茫的夜色之中。

读罢全篇，林徽因将自己对号入座，常出入林徽因的"太太客厅"的萧乾和林徽因的想法一致，认为小说写的是她。

林徽因的留美同学、同时也与冰心交往甚密的陈意，晚年曾说："冰心的《我们太太的客厅》这篇小说是讽刺林徽因和徐志摩的。"

暂且不去管他人怎么想，普通的读者也会产生这样的想法。认为冰心在才貌上输给林徽因，看不惯她被众星捧月、大出风头，因此心里不是滋味，才会通过一篇不加掩饰的小说，去挖苦、讽刺林徽因。

事实是否如人们猜测的那样，我们已经无从考证。不管是谁，看到了一篇与自己经历相似的小说，都会对号入座、胡思乱想。想多了，难免会心生怨恨，尤其是女人，遇到这种"不怀好意"的指责与讽刺，只怕会选择隔空辩解，或是阴阳怪气地指责别人一顿。

林徽因没有这样做，而是选择了一种温和却又不失机智的应对方法，托人送给冰心一坛山西老陈醋。

在中国，"吃醋"是有弦外之音的，暗指别人酸溜溜的心思。林徽因以一坛陈醋回敬了冰心的调侃，很隐讳地表现出了自己的不满，这一点很令人钦佩。

面对自己不喜欢的人，看不顺眼是正常的，人有七情六欲，不喜欢谁，不被谁喜欢，都是再简单不过的一件事。

只是，难就难在遇到别人的非议或指责时，是不是能够以平和的心态去面对，虚心地接受批评，坦诚地交换意见。

面对他人的恶意中伤，争吵和谩骂只会让事态升级，变得更加难以控制。不如静下心来，无视对方的无礼言行，还自己一个清静。

在《我们太太的客厅》发表之前，林徽因和冰心之间的嫌隙便已产生。

1930年冬，林徽因因病辞去了东北大学的教职回到北平。来年被确诊为肺结核，由于病情危急，她搬到香山双清别墅养病。

期间，前来探望的人络绎不绝，徐志摩便是最频繁的一位。先前便传出过有关他们二人的流言，如今，被传得更厉害了。

病中百无聊赖的林徽因，开始通过写诗的方法来打发时间，抒发积聚于心中的情感。徐志摩很欣赏她的诗。

不明真相的人，将一件件小事串联起来，并添油加醋地大肆渲染，当作茶余饭后的谈资。

此时，冰心创作了一首名为《我劝你》的长诗，刊登在刚创刊的《北斗》上。这一首干净利落的劝诫诗，带着浓浓的说教味。

后来的学者研究："在这首诗里，冰心的劝告对象显然是一名已婚女性，她美丽高贵，却身陷婚外恋情中，且对象还是一名浪漫诗人。冰心对女子发出警告，劝她不要真诚和心软，因为诗人是在用充满诗意和戏剧性的谎言投合她的爱好。冰心还暗示如果继续这场爱情的游戏，女子的'好人'丈夫将会离去，女子也将迷失自己，而这场游戏却只是诗人无数游戏中的一场，因为诗人又寻到了'一双眼睛'。"

聪慧过人的林徽因，怎么会看不出这首诗中所蕴含着的深意？怎么会看不出矛头对准的人便是自己？

只不过，一向心直口快、率性洒脱的林徽因，在处理这件事情时，显得相当坦然大度，虽不赞同冰心的言论，却没有反唇相讥，这便是她的豁达。

她在纪念徐志摩逝世4周年的文章中写道：

但是他们每人手里拿的都不像纯文艺的天秤；有的喜欢你的为人，有的疑问你私人的道德；有的单单尊崇你诗中所表现的思想哲学，有的仅喜欢那些软弱的细致的句子，有的每发议论必须牵扯到你的个人生活之合乎规矩方圆，或断言你是轻薄，或引证你是浮奢豪侈！朋友，我知道你从不介意过这些，许多人的浅陋老实或刻薄处你早就领略过一堆，你不止未曾生过气，并且常常表现怜悯同原谅；你的心情永远是那么洁净；头老抬得那么高；胸中老是那么完整的诚挚；臂上老有那么许多不折不挠的勇气。

……

但你可别误会我心眼儿窄，把不相干的看成重要，我也知道误解、曲解、谩骂，都是不相干的，但是朋友，我们谁都需要有人了解我们的时候，真了解了我们，即使痛下针砭，骂着了我们的弱处、错处，那整个的我们却因而更增添了意义，一个作家文艺的总成绩更需要一种就文论文，就艺术论艺术的和平判断。

　　没错，世间的众人有着大不相同的审判标准，每个人喜欢的和厌恶的不尽相同。人们总是轻而易举地被认同，也会在不经意间被否定。

　　其实，这都没有关系。

　　重要的是，我们能否管好自己的心，平心静气地看待这一切。

　　一个受人敬仰的女人，必定不是锱铢必较、小肚鸡肠的女人。一个讨人喜欢的女人，一定是如林徽因这般，即使面对中伤自己的人，也不会乱了分寸，降低自己的格调。

　　想要做一个受欢迎的女人，先来练就一个平和的心态吧。

理智是场及时雨

女人很容易被感动，稍有情况，心波便会荡漾。也正是这个不算缺点的缺点，常常害得女人独食苦果，这一现象在爱情里尤为明显。爱情之于女人，是雾里看花，是虚无缥缈；之于男人，是浪漫的邂逅，是碰撞而出的火花。女人不懂，明明先说爱的人是他，明明是他将温言软语常挂嘴边，为什么先说厌倦的人也是他，急着说再见的人也是他？

感情的事，很难三言两语说清楚，但告诫女人的话，却只有一句：保持理智，不要被一时的激情冲昏了头脑。

1920年春天，林徽因的父亲林长民远赴欧洲考察西方宪制，他明确告诉女儿："我此次远游携汝同行。第一要汝多观察诸国事物增长见识。第二要汝近我身边能领悟我的胸次怀抱……第三要汝暂时离去家庭烦琐生活，俾得扩大眼光，养成将来改良社会的见解与能力。"

两个月之后，林徽因伴随父亲来到英国伦敦。他们先住入Rortland，后租阿门27号民房定居下来，8月上旬林徽因随父亲漫游了欧洲大陆。瑞士的湖光山色，比利时的钻石和动物园，法国的灿烂文化以及因经受一次大战而满目战火遗迹的德国，这一切，都令她感到惊奇。

满满的行程结束后，寂寞和无聊侵袭了她之后的旅居生活。

林长民经常去欧洲各国开会，偌大的家里仅剩下林徽因，这是她第一次一个人度过从早到晚的24小时，那时，她只是个十六七岁的小姑娘。

　　冷冷清清的家里，连个能做伴聊天的人都没有，一个人坐着，一个人吃饭，甚至一个人哭泣，竟找不出旁人来一同消遣时光。

　　每个人都害怕孤独，女人更害怕孤独。越是无人问津的时候，就越渴望被人提及，哪怕简单地说几句闲话，拉几句家常，也好过一个人守着冰冷的房间。这个时候，才华横溢的女孩恰巧与一位才气纵横的英俊青年相识，相恋是顺理成章的事。

　　因为一时的寂寞，而开始一段恋情的人，不在少数，她们傻傻地认为这就是永远，迫不及待地向对方掏心掏肺，坠入爱河。新鲜劲儿过后，男人很快就忘了自己说过的情话和曾有过的亲密，女人却越陷越深、无法自拔。最后的结局自然是悲凉的，人去楼空后，最受伤的是女人，曲终人散后，迟迟不肯抽身的还是女人。

　　在寂寞的岁月里，宁可自己去寻找生活的乐趣，也好过靠着一段短暂的恋情来润色人生。这是女人常犯的错误，她们却很少会意识到。

　　一时的恋曲确实能够治愈孤寂的心，然而这份小欣喜，多少带着点夸张的成分。寂寞被无限放大的同时，热闹也被无限放大了。追求者的一举一动，都深深打动着女人的心，吸引着她一点点地沦陷其中，并开始说服自己去接受这份感情。

　　这个时候的女人，已经失去了理智的判断。她的整颗心都被摆脱孤独的假象所迷惑了，她是如此希望可以尽快摆脱孤独，如今，终于有了可以聊天谈心的人，她是多么的欢喜愉快。而未来的苦果，就在这不知不觉间种下了。

　　诚然，身处异国他乡的林徽因是寂寞的，敏感而细腻的情愫无处诉说，无人分享，这对她来说，是件多么可怜的事情。有着诗人独有的浪漫气息的徐志摩，就是在这时闯入了她的生活。他爱她的清新靓丽、超凡脱俗，毅然不顾及自己已婚的身份，不惜抛下妻儿，开始了对那片自由云朵的追求。

徐志摩与林徽因几乎每天都会有书信往来，且全部是用英文写成的，细腻、华美的文笔，每一词、每一句，用情至深。即使后来林徽因不告而别，随父亲回到国内，都未能打消徐志摩继续寻爱的念头。此时，林徽因与梁思成已有婚约，且父辈双方都极力赞成这门婚事，给了两个孩子自由的发展空间，没有横加干涉。

作为徐志摩的老师，梁思成的父亲梁启超心绪复杂，特意给学生写了一份长信，规劝他，"义不容以他人之苦痛易自己之快乐"，而徐志摩却并未放在心上，反而坚定地回答："我将于茫茫人海中访我唯一灵魂之伴侣，得之，我幸，不得，我命，如此而已。"可见他对林徽因的追求是执着而不顾一切的。那么林徽因呢，又做何反应？

她出身书香门第，自幼在父亲的呵护与宠爱下长大，与别家千金不同的是，她不仅继承了中国传统文化的精粹，更在教会学校学习与游历欧洲的过程中，开阔了视野，习得了西方自由的风气。

她热爱生活，崇尚本真，性格中有着东方女子的温婉贤淑，又不失西方女子的浪漫洒脱。她对家庭有着极强的依附感，同时，也有着超脱于家庭的独立思想和品格。

备感孤寂的16岁少女，遇到徐志摩这样的才子，若说心灵上没有火花的撞击是不可能的。他天马行空的艺术想象力，震撼着这个懵懂的少女的心，她用崇拜的目光注视着他。

费慰梅在《梁思成与林徽因》中写道：

在多年以后，听她（林徽因）谈到徐志摩，我注意到她的记忆总是和文学大师们联系在一起——雪莱、基兹、拜伦、凯塞琳·曼斯菲尔德、弗吉尼亚·伍尔芙，以及其他人。在我看来，在他的挚爱面前，他可能承担了教师和指导者的角色，把她导入英国的诗歌和戏剧的世界，以及那些把他自己也同时迷住的——新的美、新的理想、新的感受。就这样，他可能为她对于他所热爱的书籍和喜欢的梦想的灵敏的反应而高兴。他可能编织出一些幻想来。我有一个印象，她是被徐志摩的性格、他的追求和他对她的热烈感情所迷住了，然而她只有十六岁，并不是像有些人所想象的那样是一个有心计的女人。她不过是一个住在父亲家里的女学生。徐志摩对她的热情并没有在这个缺乏经验的女孩身上引起同等的反应。

　　林徽因之子梁从诫在《倏忽人间四月天——回忆我的母亲林徽因》中说：

　　在我和姐姐长大后，母亲曾经断断续续地同我们讲过他们的往事……当徐志摩以西方式诗人的热情突然对母亲表示倾心的时候，母亲无论在精神上、思想上还是生活体验上都处在与他完全不能对等的地位上，因此也就不可能产生相应的感情。母亲后来说过，那时，像她这么一个在旧伦理教育熏陶下长大的姑娘，竟会像有人传说的那样去同一个比自己大八九岁的已婚男子谈恋爱，简直是不可思议的事。

　　这是对情感多么透彻直白的领悟啊。
　　在十六七岁的年纪，可以将友情与爱情、现实与虚幻分得这样清楚明白，可见当时的林徽因有着超乎于同龄人的成熟。在奔放的追求面前，她可以看清自己，看清徐志摩，用理智战胜了冲动。
　　她将事情的始末告知父亲，林长民于1920年底写给徐志摩一份短函：

志摩足下：长函敬悉，足下用情之烈，令人感悚，徽亦惶恐不知何以为答，并无丝毫mockery（嘲笑），想足下惧（误）解耳。星期日（十二月三日）午饭，盼君来谈，并约博生夫妇。友谊长葆，此意幸亮察。敬颂文安。弟长民顿首，十二月一日。徽音附候。

由于爱情与友情有所冲突，所以让长辈出面了结这份感情，正是她的聪明之处。

光阴似箭，几十年的时光匆匆而过，林徽因对儿子梁从诫说："徐志摩当时爱的并不是真正的我，而是他用诗人的浪漫情绪想象出来的林徽因，可我其实并不是他心目中所想的那样一个人。"

拨开迷雾，她读到了自己心灵深处最真实的感受，拒绝并不是她的懦弱和胆怯，不过是当时的情感来得太过突然，让她有些手足无措。当她冷静下来，深埋在心中的理智告诉她，这并不是真正的爱情。

他爱她，却爱得不真切。她不爱他，则是最坦诚的回答。

世间女子能有几人如林徽因这般，懂得繁华来得快、去得也快的道理。爱情不是一时的感动，不是某一人一时的突发奇想。

爱情容易让人产生飘飘然的感觉，唯有时间，才会给一切疑问应有的答案。

爱冲动的姑娘们，理智点吧。

在感情中受伤在所难免，可理智能帮助我们将它的杀伤力降到最小，这是我们全身而退的法宝。

独立是长矛和盔甲

有生之年，只能依附于别人的女人，注定少了些气场。

女人拥有独立的人格，才不会在别人的议论中亦步亦趋，才不会活在别人的阴影里。也唯有精神独立，才不会受他人的思想摆布，自由自在地活出自己的人生，拥有令别人拜倒的魅力。

徐志摩的结发妻子张幼仪，在与林徽因接触后，这样评价"情敌"："徐志摩的女朋友是一位思想更复杂，长相更漂亮，双脚完全自由的女士。"

从肉体到灵魂的独立，让林徽因有机会划出不受他人束缚的人生轨迹。她驰骋在自己广阔的天地里，有时如鹰击长空，有时如浮云缱绻。

女人绝对可以选择自己最得意、舒适的姿态活着，让自己变成独一无二的存在。

关于林徽因的童年，她很少提及，甚至不愿意说起，不过在她的一篇散文中留下了些许文字记载。她6岁时得过水痘，在她的家乡，这被称为"水珠"。

林徽因的特别，在6岁时便显露出来了。一般的孩子得了病总是哭闹不止，而她竟然一副很享受的样子，她说："当时我很喜欢那美丽的名字，忘却它是一种病，因而也觉到一种神秘的骄傲。只要人过我窗口问问出'水珠'么？我就感到一种荣耀。"

就是这种小小的荣耀与骄傲，确定了她不同凡响的一生。她有一对不轻信旁人的耳朵，一颗不盲目从众的心，一个独立而坚挺的灵魂。

父亲林长民由于工作关系时常在外，6岁的林徽因留在祖父身边充当起小通信员的角色，早早就端起大人的口吻，代笔为祖父给父亲写家信。

大部分信件已经遗失，留下的是家人保存的一些父亲写给她的回信，其中最早的一封写于她7岁那年。

徽儿：

知悉得汝两信，我心甚喜。儿读书进益，又驯良，知道理，我尤爱汝。闻娘娘往嘉兴，现已归否？趾趾闻甚可爱，尚有闹癖（脾）气否？望告我。

祖父日来安好否？汝要好好讨老人欢喜。兹寄甜真酥糕一筒赏汝。我本期不及作长书，汝可禀告祖父母，我都安好。

父长民三月廿日

6岁的林徽因已经开始慢慢承担大人们的事。林家有女初长成，12岁的林徽因已经成长为一个可以倾听父亲心事的姑娘了。

当其他孩子在尽情玩耍，享受快乐的童年时，林徽因却一边玩耍，一边悄悄构建着她的内心世界。也许这对于一个孩子来说有些残忍，直接缩短了天真无邪、无忧无虑的时光，却也在另一个方面促进了她的成长，在今后的许多年里，她靠着从小培养起来的担当和独立，不急不缓地描绘着自己的人生。

祖父病故之后，父亲仍留在北京勤于政务，全家人则住在天津。林徽因以长姐的身份平衡支撑着一家人，伺候着两位母亲的日常生活，照顾着几个弟弟妹妹的饮食起居，乃至搬家打理行李这样的活计，也落在她的肩膀上。

成年后，她在父亲写给她的一封信上批注道："二娘病不居医院，爹爹在京不放心，嘱吾日以快信报病情。时天苦热，桓病新愈，燕玉及桓则啼哭无常。尝至夜阑，犹不得睡。一夜月明，桓哭久，吾不忍听，起抱之，徘徊廊外一时许，桓始熟睡。乳媪粗心，任病孩久哭，思之可恨。"

愈是被别人依靠着，她就愈是独立。

她在十二三岁时，便开始照顾一家人的生活，年纪虽小，阅历虽浅，却一个人默默承担着本该由家长来担起的责任和压力。

在父亲远游日本的时候，她将家藏的全部字画翻了出来，一件件分类，编成收藏目录，以便日后供父亲赏阅。在给父亲的家信上反思道："徽自信能担任编字画目录，及爹爹归取阅，以为不适用，颇暗惭。"

没有人指引她该如何去做，没有人帮她分辨好坏，完全靠她自己去慢慢经历、感悟。也许会感到辛苦，也许会觉得委屈，然而，正是这样的磨炼洗涤了女人的优柔寡断。

当她以崭新的姿态站在历史舞台上，无人不会为她的精神面貌所倾倒，这是一位新时代的女性，更是一位主宰自己人生的女王。

出身官僚知识分子家庭，她原本可以凭着优渥的条件养尊处优，甚至依附于丈夫，在家中舒适地做着梁太太，享受着他人提供的一切优待。

不问世事、逍遥自在地过生活是女人幻想过无数次的美景，丈夫在外奔波赚钱，作为妻子，只要打理好家务就可以了，不用风吹日晒，更不用历经辛苦，一切的"不舒服"都抛给别人。

这样无所事事的生活真的好吗？用不了多久，便会与社会脱轨，直至完全丧失存在感。

林徽因勇敢地脱离了丈夫的庇护，她以独立的个体与他站在平等的位置上，在以男性为主流的社会里，她依旧勇往直前，自食其力。

在"太太客厅"里，一场又一场的聚会中，完全是以她为中心，由她主导着来客的情绪。在这里，她无拘无束地释放着光芒，即使外界的流言蜚语从未停止，她只是莞尔一笑，继续着她的传奇。

她的存在不是为了卖弄自己，去取悦别人，所以她的世界无关他人。

唯有拥有独立的社会地位，独立的人格，才不至于在众说纷纭的世界里迷失自我。那些善意的评论或非善意的指指点点，都不足以让一位独立的女性惧怕。

在混沌的社会中，她自有一套标杆和准则。在自己确认无疑的道路上，一直走下去，收获成功，收获喜悦，体味辛酸，体味痛楚。

独立是她的长矛和盔甲，是她行走在世间的武器和防护。好的、坏的，都是沿途的风景，不骄不躁，宠辱不惊。

她是梁太太，可她更是林徽因。

事业上，她与丈夫志同道合，有着共同的追求和理想。即便如此，她不只是大名鼎鼎的建筑学家梁思成的妻子，还是中国第一位女建筑师林徽因。

学术上的成就不逊色于丈夫，甚至某些方面有过之而无不及。她与他同处于一个平台，不是上级与下属、主导与跟从的关系，相反，是平等的、合作的。

卞之琳在《窗子内外：忆林徽因》中直言不讳："（林徽因）实际上却是他（梁思成）灵感的源泉。"

梁思成也曾对朋友们提起："当我第一次去拜访林徽因时，她刚从英国回来，在交谈中，她谈到以后要学建筑。我当时连建筑是什么还不知道，徽因告诉我，那是包括艺术和工程技术为一体的一门学科。因为我喜爱绘画，所以我也选择了这个专业。"

当林徽因与丈夫及同仁们结伴外出考察时，她虽然穿着窄身旗袍，又体弱多病，可她爬起古建筑的穹顶来，却行动敏捷，根本不成问题。金岳霖到他们家去，常常看见林徽因和梁思成爬到自家屋顶上，为野外测绘练习基本功，老金当即作了一副藏头联："梁上君子；林下美人。"嵌了这夫妇二人的姓氏，上句打趣梁思成，下句奉承林徽因。梁思成很是高兴，林徽因却不以为然，"真讨厌，什么美人不美人的，好像一个女人就没有什么事可做，只配做摆设似的！"

换作他人，能被冠以"美人"的头衔，嘴上也许会做谦虚状，心里早该暗自开心了，可她却排斥这个美名，倒不是因为这个词有欠妥当，而是她不甘心只做被别人观赏的摆设。

平日里，林徽因和梁思成常常就一个问题各执一词、争论不休。她有她的学识见解，甚至不会轻易屈从于权威。她的努力付出不比任何人少，自然，她的成就也不会低于任何人。

在中国现代建筑史上，林徽因向来是与梁思成处在平起平坐的地位，两个人互相补充，两个独立的人成为一个不可分割的整体，一起创造辉煌。外界经常低估林徽因的专业成就，这对她是不公平的。

陈学勇在《莲灯诗梦：林徽因》中提到："林徽因应该是这一群体（中国妇女先觉者）中很特别的一个。面对这样的女子，倘若还要纠缠她的情感，那么那个据说为她终身不娶的哲学家金岳霖的真诚最能够说明她情感的品质。倘若还要记起她的才华，那么她的诗文以及她与梁思成共同完成的论著还不足以表现她才华的全部，因为那些充满知性与灵性的连珠的妙语已成绝响。倘若还要记起她的坚忍与真诚，那么她一生的病痛以及伴随梁思成考察的那些不可计数的荒郊野地里的民宅古寺足以证明，她确实是一位不可多得的真正的女人。"

女人极其容易演变成男人的附属品，失去自我，沦为没有思想、没有主见的家庭主妇。

林徽因知道自己想要的是什么，明白该如何去努力。她的理想由自己来决定，未来的路也由自己来选择。她不依附于任何人，不做任何人的附庸。对于旁人的说三道四，她可以强有力地进行回击。

记住，他人的建议只是建议，并不能决定你向左还是向右。不能独立的女人，就像是天空中的浮云，飘忽不定，只能跟从风的方向，走走停停，完全丧失了独立自主的快乐。

靠人不如靠己。

不管是老公还是男朋友，自己的愿望不一定要自己去实现，但一定要有可以实现的能力。

依赖总是会留有弱点，所以要温柔可人，也要有盾牌盔甲；有一颗善良柔软的心脏，也要有一个刚硬不屈的灵魂。

苦滋味教人成长

有些成长，在一夜之间，让人猝不及防，回过头来再看时，便多了几分成熟与稳重。

感谢苦滋味，让心在历遍辛酸周折之后，荡涤了稚嫩，开始了人生的蜕变。

没有尝过苦滋味，便不会真正懂得珍惜已经享有的甜。

女人该尝尝苦滋味，磨砺一下心智，在辛苦中历练一番，打不垮你的苦难只会让你变得更坚强。

自古父母都是子女最强有力的庇护，父母一旦离去，突如其来的伤悲及生活压力的残酷便会随即而来，容不得任何人懈怠。

梁思成的母亲李惠仙，可谓支撑起了梁家的半壁江山，是丈夫梁启超坚实的后盾。当梁思成与林徽因出国求学的前夕，她的乳癌复发，明知命不久矣，却为了儿子的学业和前程，痛下决心，应允儿子远游，继续求学之路。

这是生死的别离，出国前的相聚也许会成为永别。

林徽因与梁思成来到美国后，正努力适应着新的环境，而这时，梁思成的母亲却在死亡线上苦苦挣扎着。一个多月后，梁母的病情急剧恶化，病魔肆虐，已经难以控制。

尽管梁启超以最快的速度给儿子发了电报召他回国，可还未等到梁思成做好回国的准备，母亲的生命已在弥留之际，她一定还在期盼着能与儿子再见上一面，做最后的道别。她还有很多叮咛和嘱咐，尚来不及一一交代，还未亲眼目睹儿子走进婚姻的殿堂，还未能抱上梁家的孙子……

太多渴望的事再也没有机会实现。

父母在，不远游。如果可以，尽量早点回到父母身边吧。

人类是伟大的，以血肉之躯创造出科技文明，上天入地似乎无所不能；可人类也是脆弱的，面对生命和命运又有着太多无可奈何，比如生老病死，是人类抗拒不了的宿命。

母亲的去世犹如晴天霹雳击穿了梁思成的心脏，他悲痛欲绝却又无言以对，在死亡面前，一切都显得那么不堪一击。

此时此刻，若说感同身受，真是天大的谎言。

男人善用沉默来平复情绪的起伏，用香烟和烈酒来麻痹快要疯癫的神经，似乎醉得深一点就可以让伤痛少一点。

女人却不以为然，放纵自己并不能解决所有的问题，醉生梦死是懦弱的逃避办法，她宁可撕心裂肺地大哭一场，也不愿意捂着伤口在无人的角落独自落泪。

这一番彻骨的痛成了苦滋味的开端，源源不断的苦积聚在心里，随后蔓延至周身的每根神经、每个细胞。

林徽因宽慰着梁思成，拿出最大的精力陪在他身边，她知道说什么都无济于事，这是他的心头痛，她只能默默守护着他。

斯人已远去，唯有铭记于心，更加认真地生活，才是对亡灵的悼念。

在校园后边的小山坡上，林徽因与梁思成为亡者举行了一次小小的奠礼。心中纵有千般不舍，也挽回不了什么，只好将心中的苦水倾泻到纸上烧给母亲。林徽因采来鲜花绿草，编织成美丽的花环，挂在松树枝上，朝着家乡的方向，以此聊表心意。

铺天盖地的悲痛笼罩着梁思成，对林徽因而言，无声的煎熬也在悄悄占据着她的灵魂。

到底有多久没有收到家里的来信了？她仔细盘算着日子，期待着一个又一个的明天能收到父亲的信，回应她的却是一次又一次空手而回、失望而归。

焦躁、不安，紧紧扼住了她的喉咙，抑制不住的心慌让她寝食难安。

有关父亲的最新消息还是从梁启超的来信中得知，林父坚持要去奉军郭松龄部做幕僚，他不听朋友的劝告，乱世之中，安危莫测。

"安危莫测"四个字，如千斤重石堵在林徽因的胸口，她不敢想象父亲正在经历着怎样的枪林弹雨，她不敢去想，却偏偏忍不住去想。

更糟糕的是，大洋彼岸不断传来节节败退的消息，这让她更加坐立难安、忧心忡忡。

报上有消息说：郭松龄在滦州召集部将会议，起事倒戈反奉，通电张作霖下野，并遣兵出关。

又有消息说：郭军在沈阳西南新民屯失利，全军覆没。

没有消息的日子是煎熬的，可是当消息频频传来时，更让人心急如焚。

梁思成收到了家书一封：

我现在总还存万一的希冀，他能在乱军中逃命出来。万一这种希望得不着，我有些话切实嘱咐你。第一，你要自己十分镇静，不可因刺激太剧，致伤自己的身体。因为一年以来，我对于你的身体，始终没有放心，直到你到阿图利后，姐姐来信，我才算没有什么挂念。现在又要挂起来了，你不要令万里外的老父为着你寝食不安，这是第一层。徽因遭此惨痛，唯一的伴侣，唯一的安慰，就只靠你。你要自己镇静着，才能安慰她，这是第二层。第二，这种消息，看来瞒不过徽因。万一不幸，消息若确，我也无法用别的话解劝她，但你可以将我的话告诉她：我和林叔叔的关系，她是知道的，林叔的女儿，就是我的女儿，何况更加以你们两个的关系。我从今以后，把她和思庄一样看待，在无可慰藉之中，我愿意她领受我这十二分的同情，度过她目前的苦境。她要鼓起勇气，发挥她的天才，完成她的学问，将来和你共同努力，替中国艺术界有点贡献，才不愧为林叔叔的好孩子。这些话你要用尽你的力量来开解她。

　　林徽因双手捧着信，心中默念着父亲。

　　年幼时，父亲经常带她去大嘉山南麓拜谒北宋爱国将领李纲的墓，教她背诵的第一首诗是文天祥的《过零丁洋》："人生自古谁无死，留取丹心照汗青。"

　　她曾对梁思成说过："爸这条潜龙，迟早有一天还要飞到空中去，只是需要一个风云际会的时机。"

　　父亲的凌云壮志她是知道的，为了自己认定的事情，他甚至不惜献上性命。可他的抱负虽然远大，却似乎忘记了他也是一个女儿最依赖的父亲，豁上性命固然令人佩服，却也着实让最亲近的人心碎。

　　终归还是等来了不幸的消息。

　　她接到了叔叔林天民的信和寄来的报纸。《京报》《益世报》《大公报》《盛京时报》等报刊都刊登了林长民亡故的详细经过。

　　一字一句，戳得她心痛。

　　她自顾在伤痛中沉沦，忘了今夕何年，忘了身处何地，父亲走了，她的心也碎成了粉末。

是家中年迈多病的母亲和少不经事的弟弟，让她幡然觉醒。父亲不在了，全家人的希望便完全转移到了她的身上，怎能任由自己被痛苦绊住了手脚，而对最需要她的亲人不管不顾呢。

有时候，成长就在一瞬间。

父亲是家中的顶梁柱，是唯一的经济来源，他一生清廉，家中并没有多少积蓄，未来该如何自持，又该如何度日？此时此刻，生计成了亟待解决的难题。

林徽因从剧痛中醒来，她的身后还有需要她来安抚的家人，她要代替父亲撑起这个家，守护母亲和弟弟们。

为了家人，她回国的心意已决。梁启超得知她要回国的消息，第一时间极力阻止，福建匪祸迭起，交通阻隔，他担心此行会出意外。此时的林徽因，面对致命的噩耗，她早已没有多余的力气站起来。

为了谋生，她又考虑在美国打工一年，靠自己解决留学的全部经费，而这也被梁启超劝阻了。

不论精神上的困惑，还是经费上的无助，梁启超义不容辞地担负起了一个父亲的角色。他的慷慨无私很大程度上解决了林徽因的后顾之忧，林徽因对此却是喜忧参半。

自小养成的独立性格，使她很难心安理得地接受梁父的恩惠，不论待她再如何亲近，都弥补不了她寄人篱下的心酸。

她要感谢这丝丝苦楚，正是强加在她身上的重担，让她深切感受到了生活的艰辛与不易，更加透彻地领悟到拥有立足社会的能力是多么重要。

苦滋味，扰人心神，乱人情绪，却也以直白明了的手段教人明白，自立是一个人的基本，成长是不可逃脱的残忍。

忍着痛，慢慢成长，渐渐成熟。

糟心的事情一件连着一件。父亲去世的痛还未平息，梁启超的身体也出现了不容忽视的大问题。

起初在德国医院，医生不明病因，以为只是细血管破裂，未予重视，贻误了治疗的最佳时机。后来转入协和医院，确诊右侧肾脏坏死，需要切除。岂料手术台上，护士错画了手术的切口线，右侧错画在左侧，主刀医生也没有及时发觉，误将好肾切除，将坏的那部分留了下来。

严重的医疗事故导致梁启超的病情急转直下，不久便与世长辞。

对林徽因而言，这无疑是雪上加霜。

可以依靠的长者接连去世，叫人不知该如何去揣摩命运的用意，命运似乎正在以最刻骨的痛逼着人踉踉跄跄地成长。

生命中难以预料的苦痛折磨未必全是坏事，至少在黯然神伤之后，教会你如何去承担人生的起伏跌宕，纵使过程冷酷残忍，却很是见效。

每一个经过都暗含深意，这是来自上苍的启示。

Lesson 2

你若盛开，蝴蝶自来
——做一个刚刚好的女子

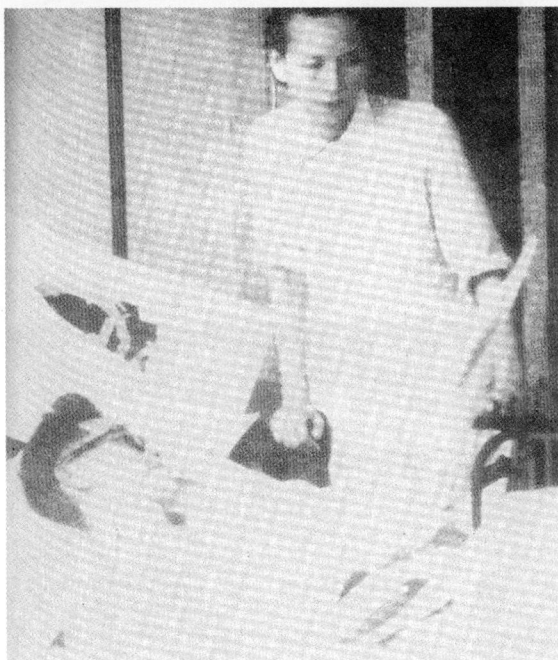

◀ 1950年，林徽因与病中
的梁思成商讨国徽图案

▲ 1947年，林徽因与梁再冰游颐和园

用慧眼识生活

平凡生活中的每一段喜怒哀乐，都有它们独特的意义。

某些人生箴言就隐藏于小角落，等待着拥有慧眼的人去发现，去领悟。

粗枝大叶的人往往遗漏了那些于细枝末节处展现出的人性的明朗与阴暗。

女人不能傻愣愣地过日子，任凭匆匆而过的岁月，只留下脸上的细纹和内心的沧桑。

不管在哪个时间和空间，都有很多人在仰慕林徽因，一遍又一遍地、不厌其烦地追溯着她的过往，极力想要再靠近她一点。

她是才貌双全的典范，美貌与智慧并存的化身。

她是浪漫满怀的诗人，是严谨专注的建筑师，是灵动飞扬的艺术家。她以一言一行开创了中国新时代女性的新形象，哪怕是放眼当代，也难以有人能与她媲美。

不得不说，林徽因的"多重"性格很大程度上是由她的童年所决定的，那段酸楚的时光影响了她的一生。

父亲林长民是当时的先锋人物，他既是满腹经纶的学者，也是叱咤风云的官吏。他的壮志凌云也深切地感染了女儿，让她成长为有理想、有抱负的女人；他的多情与冷酷也让她深切体会到了人情的冷暖，世态的炎凉。

作为林长民的女儿，她是骄傲的。

林长民自幼在林氏家塾中读书，为他传道授业解惑的正是阁中名士林纾，这也是他最早接触西学知识的开端。光绪二十三年，林长民中秀才，为了更远大的志向他放弃了科举，在家苦学英文、日文，他的父亲为助他一臂之力，更是花大价钱请来了两位外教。学成后东渡到日本的早稻田大学读书，1909年回国。

作为何雪媛的女儿，她是悲情的。

母亲何雪媛与饱读诗书的父亲形成了强烈的对比。她出生于浙江小城嘉兴，父亲经营着一个小作坊，家境还算殷实。她在家中排行最小，极受宠爱，久而久之形成了任性刁蛮的性格，不仅如此，她对女红也不精通。最可悲的是，她不好读书。

如果其他地方还能勉强将就的话，缺乏知识熏陶所导致的文化隔阂，却在无形之中愈加明显。与林长民母亲游氏的聪慧贤德相比，林徽因的母亲是如此不值一提。

最为尴尬的是，何氏被林长民纳为妾，其最直接也最主要的目的是为了子嗣，延续林家的香火，而她得一子二女，其中一子一女夭亡，独存林徽因。

也许从儿子夭折的那天起，就注定了何氏在林家卑微的地位。

1909年，林长民留日回国后，带姨太太和林徽因移居上海，开始了他的政治生涯。威尔玛写道：

那时徽因才五岁。她一直与父亲分离，也没有姊妹，只与母亲住在杭州，被一群成人包围着。她是个早熟的孩子；她的早熟或让家里的亲戚们视她为一个成人，如此误了她的童年生活。父亲回来必定使女儿欣喜，而这个女儿伶俐、欢快和敏感的性格也令父亲着迷。想来上海的岁月使这父女俩亲密起来。一九一二年这家人又搬到北京。父亲仕途顺畅，任职于须臾变迁的各种政府。然而此间他却面临一个苦恼：始终没有儿子，即这个家族的后嗣。他从福建娶来第二房姨太太，迅速地为他生了一女四男。

对于林家来说，添丁是一件何等大的喜事。林父林母盼了这么多年，终于如愿以偿。二姨太得宠是意料之中的事，这份宠爱来得如此顺理成章，容不得别人说三道四。

而对于林徽因与母亲来说，却预示着生活开始走向更加黑暗的角落，她们不愿面对，却不得不面对。

孩子们欢快的嬉笑声从宽敞的前院传出来，落入林徽因和母亲的耳中。这份无拘无束的快乐对她们来说是如此残忍，强烈的反差折磨着她和母亲的心，别人轻易拥有的幸福，却是她难以企及的。

前院后面是狭窄阴冷的小院，林徽因与母亲便住在这里，与前院相比，像是两个完全不同的世界，充斥着截然相反的氛围。

何氏被整个林家遗忘在了小院里，她的抱怨和指责，她展不开的眉头和流不尽的泪水，成为林徽因抹不去的记忆。

母亲是否幸福，直接影响着子女的成长。父母的恩爱和谐在潜移默化中滋养了女儿的心田，纵然年纪尚小，但也可以敏锐地感受到外界的变动，大人们的情绪，孩子们都懂。

小小的林徽因自然懂得母亲的苦楚，在偌大的林家再也找不到第二个人来关心母亲，身在其中，却像个外人一样不受重视。

林徽因用略带稚嫩的眼光看到了大人世界的无奈，她心疼母亲，却也实在受不了母亲每日里不停的怨言。

她独立自强的性格，在母亲的冷言冷语中逐渐形成。

嫉妒是女人的天性，这一点在何氏身上表现得淋漓尽致。林长民对二姨太的悉心照料、百依百顺惹恼了她，仿佛每一天都在经历审判，生活变得漫长而艰辛。

林徽因知道母亲心有不甘，她爱着自己的丈夫，渴望丈夫的关爱，哪怕只有一点，也足以令她感到喜悦。可她愈想得到，就愈是不懂得温柔地退让。

林徽因亲眼目睹了父亲对二姨太的疼爱和对自己母亲的冷漠，这种反差让她明白了自己该如何在家族中立足。

林长民早前去日本留学，归国后便投身辛亥革命，革命胜利后，他的仕途一帆风顺，他们的家也因他的升迁，从杭州搬到了北平。

岁月慢慢在林徽因身上沉淀，她开始长大，开始分担家务，开始用自己的力量争取自己在家中的位置。

全家人暂居天津时，她成了一家人的主心骨，不动声色地承担起家中近乎一半的重担，不管是两位母亲还是几个弟妹，都由她来照顾。

母亲的处境愈发让她明白，如果坐以待毙，等待她的也许会是和母亲一样的结局。环境逼着她迅速地成长，她也在鞭策着自己迅速地成熟起来。

她从冰冷的现实中一次次得到警示，在林家，能够依靠的人只有自己。

有一次她生了重病，躺在病床之上，迷迷糊糊听到母亲压低声音，在向管家讨钱。母亲希望在每月的生活费之外再额外贴补些药费，很是正当的理由却被管家一口回绝了。被拒绝的母亲立刻抬高音调，不管不顾地与管家吵了起来，结果却什么也没有改变，依然没有要到额外的钱。

这让林徽因深刻地认清了现实，受宠的人皱下眉头，都会被心疼，不受宠的人得到的只有这样的待遇，连下人都不顾及主仆之情，她的痛根本不会有人理会。

母亲是指望不上的，唯有她自己去发奋，努力变得优秀，更优秀。否则，谁能保证她不会重复母亲的老路，被温情所抛弃呢？

她的眼睛正在默默地观察着周边的一切，她的心也在盘算着自己的出路。她没有傻乎乎地接受现实，也没有像母亲那般只顾着发牢骚，她知道只有改变自己，才能改变冷冰冰的现实。

林徽因不甘心受命运的摆布和驱使，她要挣脱、要自我救赎。她已经学会了如何讨长辈们的欢心。她勤于功课，抓住每一个学习的机会来充实自己。她学习料理家务，烦琐的家务在她手中变得井井有条。

辛苦是肯定的，而收获也是实实在在的。连二娘程桂林都不得不承认，林徽因是"父亲最宠爱的孩子"。

得到父亲的宠爱虽是她所愿，却也带来了新的困扰，一面是满满的父爱，一面是失宠的母亲，她被夹在这二者中间。她既不能说服父亲与母亲重归于好，又没办法说服母亲去主动赢取父亲的信任。

她看到了父母间的隔阂，也透过这一幕幕辛酸看到了世间感情的薄凉。

不要蒙着眼过日子，有些曲折需要睁大眼睛看清楚，折射回脑海的影像稍加整理，变成一部心经，指引着未来。

与此同时，要笃信上苍不会让用心生活的人等太久。

16岁，成为她蜕变的转折点。

和往常一样收到父亲的来信，林长民信中提出要带林徽因去欧洲远游。

守着每日的心酸，她都不肯轻易落泪，而今得知父亲要带她远行的消息，她哽咽了起来。

这是不害怕别人嘲笑的泪水。这是对她的奖赏。

同时代的女孩还在贫困和无知中挣扎，她是何等幸运能够走出国门，游历欧洲。

她耗尽心智和力气赢得了父亲的喜爱，也是这份喜爱改变了她的命运。

父女二人乘坐邮船抵达法国后，开始了为期四个月的游历生活。

一路走走停停，巴黎、日内瓦、罗马、法兰克福和柏林……

每到一处，林徽因便感觉内心世界更充实了一些，整个灵魂更饱满了一些。

在父亲身边，她是小翻译和小女主人，代替父亲接待宾客，陪同父亲参加各种社交活动。来到林家做客的人，皆是人才中的精英人物：著名史学家威尔斯、小说家哈代、美女作家曼殊斐儿、新派文学理论家福斯特以及旅居欧洲的张奚若、陈西滢、吴经熊……

林徽因礼貌且热情地招待他们，并成为他们专注的倾听者。他们引经据典、高谈阔论，这一切正默默地影响着眼前这位少女。

旅行结束后，她和父亲在伦敦定居下来，江南女子的灵动秀气，在她的身上逐渐显露了出来，那些西方人都说她"漂亮如同瓷娃娃"。

若是没有昔日的努力，怎会有今天的林徽因，又怎会有将来的林徽因？

林徽因心疼母亲的无助与孤独，厌恶父亲毫不掩饰的偏爱的同时，却也伤心母亲悲惨却又不知进取的一生，她纵然可怜，却也不是完全无辜的人。

她的聪慧之处就在于没有偏激地看待父亲，没有一味地偏袒母亲。她用自己的眼睛，找到了问题的症结所在。她不甘心一生平庸，不能忍受像母亲那样活着。

那些在心中呐喊过千百次，却一直未能说出口的心事，让一圈又一圈的年轮埋没了声响；那些经久回荡在耳边的低语声，催促着她奋进，再奋进。

生命的真谛并非如此神秘而难以摸透，或许与我们只是一线之隔，只等我们掀开它的面纱，看清生活，看清我们自己，看轻无关紧要的琐碎。

走出去，看真实的世界

女人生来就有万般柔情。对于这个世界，女人的存在，不仅是一针一线、一饭一菜的意义。女人的世界并不是只局限在灶台四周。

早些时候，女人是采集高手，男人是狩猎高手，经过繁复演化，女人的方向感差之又差。在这个有着无数种可能，无数种选择的世界，迷茫与混沌时刻伴随着女人成长。

该如何破解狭隘，捕捉真实？

走出去，带着明亮的眼睛和透明的心灵。

林徽因的睿智多识，享誉至今。走近她你会发现，这一路走来，是她一次又一次地突破地界、突破眼界、突破心灵，才促成了那个坚定执着、无畏无惧的林徽因。

向久远的年代回顾，还只是个5岁女娃的林徽因，随祖父母、姑母迁居蔡官巷。在一处清静悠然的宅院里，大姑母林泽民第一次将书本摊开在她的面前。她睁着天真的眼睛，打量着泛黄的纸页，心里想的却只是玩耍。

那时的她还无法发觉书与外面的世界有着怎样的差异。面前一动不动的书本，怎比得过院子里叽叽喳喳叫个不停的鸟儿来得生动有趣。

时钟在不停摇摆，日子也就跟着忙活了起来。

南京临时政府成立后，随之而来的是父亲工作上的调动，随即全家人移居上海，住在虹口区金益里。已经到了上学年纪的徽因，同表姐妹们一起，在附近的爱国小学，开始了她的学生时代。

不出几年，再次举家迁居天津，告别了小学生的天真烂漫、童言无忌，正式升入英国教会创办的培华女子中学。欢快活泼的林徽因，课上多了份认真，课下则与姐妹们嬉闹玩耍，带着懵懂少女的小情怀，感受着不一样的时间和地点所带来的生活变化。

从孩提顽童，长成青涩少女，林徽因跟随家人从一个地方搬到另一个地方，北京、天津、上海，截然不同的风土人情，各式各样的教育理念与方式，打开了这个少女对未知世界的展望。

搬迁、转学，也许是稀松平常的事情，然而新奇事物带来的新鲜感和冲击感，终会以不同的形式印刻在她的心里，成为日后游弋的起点。

如果说在一国之内，频繁地变换城市，还只算得上是通向大千世界小小的一步，世界地图在她面前，暂且只是展露一个小角落而已，那么，接下来的异国之旅，则完全自由了她的身体，拓宽了她的眼界。

出国读书求学，是青涩的林徽因梦寐以求的事，她急切地想要出去走一走，看一看，远隔重洋的世界，是否真如别人口中或书本中所描述的那般光怪陆离、变幻多端？她想要去弄清楚，想要揭开这神秘的面纱。

出国游学的机会，并没有让她等太久。

1920年，林徽因16岁，正是含苞待放的年纪，正对一切都充满热情和好奇，渴望离开原地，去到不曾去过的地方，拥抱不熟知的情怀。

这一年春天，父亲应邀赴英讲学，一向聪明乖巧的林徽因，自然成为他重点栽培的对象。她与父亲先是来到瑞典参加国联会，紧接着又马不停蹄地由法国转道英国，在阿门27号住下后，观光旅行就迫不及待地开始了。

巴黎、日内瓦、罗马、法兰克福、柏林，这些在当时国人中鲜有人知道的名字，以及一路上充满异域风情的景色和建筑，一一定格在林徽因的脑海里，给了她耳目一新的感觉。

西方的古典建筑与东方存在着巨大的差异，这令她惊奇不已。她的目光久久注视着眼前或沉静或奔放的建筑，品味着其中的韵味，内心的感触正在慢慢升华。

这些从未真切感触过的景象，落在林徽因的眼里、心里，让她冲破了地域，与世界建立起新的联系，她也开始用新的眼光去审视所处的世界。这片广阔的天地，不仅开阔了她的眼界，更为她架起了通往世界的桥梁。

女人，就该不时地走出去，到不同的地方，与不同的人交谈，看不同的风景，体味不同的人生。虽然依旧是同一片蓝天下，但身处异乡异地，感官上的体验必然带动心灵上的触动。

此时，才会惊觉，生活了几十年的那片小天地，并不是这个世界的全部；缠绕在周身的杂七杂八，以及剪不断的束缚和羁绊，也并不是人生的全部。

看清这一切，放下执拗与虚妄，才能继续坦然前行。

备受鼓舞的林徽因，9月结束旅行，回到伦敦，收回放飞的心思，以优异的成绩考入圣玛丽女子学院学习，正式开启了她的第一次短暂的游学之旅。

对林徽因来说，21岁时与梁思成一道奔赴大洋彼岸的美国，在宾夕法尼亚大学求学的经历，才是真正放开了手脚，越过了中西方的隔阂，找到了适合自己成长的新土壤。

正是这片土壤，给予她新的知识和新的视角，她小心翼翼、一点一滴地重新认识世界，了解世界，为周边的一切重新定义。

那时，去建筑系学习是徽因的愿望，可惜宾夕法尼亚大学建筑系不招收女学生，为此她只好退一步，选择了美术系。

扎实的功底和优秀成绩，使她一入学就上了三年级，由于美术系与建筑系同属美术学院，加上梁思成在建筑系，她也就得以顺利旁听建筑系的课程，满足了心愿。也恰是这旁听，为新中国培养了一位杰出的建筑学家。

身在异国他乡的林徽因，充实着自己的大学生活，与同为留学生的闻一多一起，参加了"中华戏剧改进社"，志在将中华戏剧发扬光大。

1927年，结束宾大学业，获得学士学位后，对戏剧心存向往的林徽因，进入耶鲁大学戏剧学院，跟随著名的G.P.帕克教授学习舞台设计，由此成为中国第一个在国外学习现代舞台美术的女留学生。

得天独厚的天赋、扎实的美术和建筑基础，加上天生一副热心肠，每逢交作业时，她便成了救人于水火的菩萨。在这崭新的领域内，林徽因收获了寻常人难得一见的景致，这是她曾经未能留意的世界。

彼时，她在那片海洋中畅游，身心愉悦。她用书本和阅历做基石，迈向了新的高度，开始用愈加成熟而独到的眼光和头脑，去描绘俗尘。

做女人，一定不要将自己禁锢，不论是身体，或是心灵。如果没有去其他地方走走，又怎会知道，还有与今时今日不同的生活？怎么会了解，可以有不同于以往的活法？

身体被束缚，是可怕的。看惯了身边的种种，就算是闭着眼睛也能行动自如，也正因如此，才无法领略别处的花开花落；心灵被束缚，更是可怕。没了想要探寻新事物的念想，安心于柴米油盐的琐碎生活，忘记了身为女人，有权利去享受丰富多彩的生活。要想看清一切真实，就需要不断地去体验、去比较、去品尝新事物，不断刷新眼睛与心灵。

美国式生活让林徽因眼界大开，朋友们对此却有些担忧，徐志摩曾担心异国生活会宠坏林徽因，让她变得不像她。他说得对，可惜只说对了一半，她的确已不是最初的她，只是，3年的异域生活，没有将林徽因宠坏，反而通过增长的见闻，使她从北京四合院里那个爱做美梦，带着一丝虚荣的大小姐，蜕变成了可独当一面的女人。

胡适曾当面称赞她"老成了好些"，这也反射出，她由理想主义阶段完美地进入了现实主义阶段，开始依靠自己储备的知识和生活阅历，去应对人生百态，在或真或假之中觅得真实。

世界究竟是何种面貌，需要女人自己去摸索。

困在一方小天地里的女人，久而久之，思维模式会变得固执而呆板，看待事物的眼光也是传统而刻板的。以前坚信的，或许并不完全正确，而一旦陷入自己判断中，看不到差别，也就无从看到真实。

女人，抽个时间，出去走走吧。将许久未能拥有的自由，还给身体和心灵。以新的姿态去迎接，去承受，去感受真实的世界和自我。

坚定值得冒险的选择

恍恍惚惚几十载，一路上充满了无穷的变数。接二连三的困惑像一张无形的网，令深陷彷徨的人们，在面对纷至沓来的未知与不解时，只能跟苦恼作斗争。

我们在一个个十字路口前驻足、张望，努力平息着内心的忧虑和不安，试图从纷杂中理清思绪，做出最正确、最无悔的选择。

诚然，不论男女，不论老少，都向往安稳。女人尤其如此，企盼人生路上一帆风顺。然而，万事如意终归只是一个美好的祈愿罢了。

也正是因为人生无法从头来过，所以每一次的抉择都伴有不可预知的风险。难免慌张、迷茫，表面平静如水，没有一丝波澜，心中却强忍着起伏和澎湃。

不想轻易下结论，更不想走错一步，结果却可能步步走错。仅此一次的人生，谁愿有半分差错呢，宁愿小心一些，也不要在未来的日日夜夜暗自悔恨。

每当举棋不定的时候，不妨听从心灵的指示，抛开千头万绪和各种猜疑，于种种不确定中坚定一个选择。

中国近代是人才辈出的年代，曾经那些家喻户晓的名字，他们的峥嵘岁月还在被传颂着，他们的故事也征服了一代又一代人的心。

当然，这其中最为人们津津乐道的，就有林徽因与徐志摩之间的

51

感情纠葛。人们靠着为数不多且真假参半的资料揣测着过往，抱着极大的好奇心去打探真假难辨的历史，不甘心只是道听途说和遮遮掩掩的说辞，似乎一定要找出最符合心意的版本才行。

然而，依我看来，不管林徽因是否曾倾心于徐志摩，抑或是林徽因与徐志摩只是心灵上的知己，不可争议的事实是，林徽因自始至终都没有接受，也从未承认过自己与浪漫诗人的爱情。她选择的是梁思成，爱的是梁思成，相伴终老的也是梁思成。

夫妻二人跌跌撞撞、磕磕碰碰，一同走过了二十多年。清晨的每一缕朝阳，黄昏的每一片霞光，都是与他一起迎来和送走的。她的坏脾气，只有他在默默承受；她的温柔，也只有他最懂。

在这段美好的时光里，埋藏着她与梁思成琴瑟相和、相濡以沫的爱情和婚姻。

24岁那年，林徽因与梁思成结为连理。从此，她成为他的妻子，将未来与苦乐相关的一切托付给这个男人。她爱他，这是她笃信的事。

纵使感情之路并非一帆风顺，一对年轻气盛的男女，性格的磨合期并不短暂，她没有轻言放弃，没有放弃爱情，没有放弃梁思成。

她无悔当初的选择，用一颗真心捍卫着爱情。

林徽因与梁思成，在性格上，可谓是两个极端，争吵是在所难免的，然而，也正是迥然不同的两个人，才是最互补、最相得益彰的搭配。

在梁思庄的女儿吴荔明眼中："徽因舅妈非常美丽、聪明、活泼，善于和周围人搞好关系，但又常常锋芒毕露表现为自我中心。她放得开，使许多男孩子陶醉。思成舅舅相对起来比较刻板稳重，严肃而用功，但也有幽默感。"

一向崇尚自由的林徽因，即使在爱情里，也要争取最大限度的自由。她有着极佳的人缘，也常常陶醉在众人的殷勤里，笑对旁人的艳羡和赞美。

女人的天性使然，哪个人不希望自己是最受欢迎、备受瞩目的那一个。

一方洋溢着热情，一方冷落着热情，两人间的矛盾无可避免，大学第一年是最为激烈的阶段。梁启超曾说："思成和徽因，去年便有好几个月在刀山剑树上过活！"

刀光剑影的日子里，两个人经历着磨合的痛苦，也愈发体会到彼此真挚、牢固的感情。当这一切矛盾被时间冲破，平稳的日子便慢慢来临了。

爱情里的女人，有着多种多样的毛病，有些甚至非常怪异，若是找些男人来指证，肯定能列出满满几大张纸。其中对彼此伤害最大的，就比如无可救药的猜忌怀疑、患得患失。

每个品尝过爱情甜蜜滋味的女人，也都会体味到爱情令人神伤的一面，可爱情愈是伤人，愈是迷人，即使痛彻心扉，她们也毅然决然地参与其中。

多少人将一句"分手"轻易地说出了口，又有多少人在许久之后，怀着深深的遗憾祭奠曾经火热、如今冰冷的爱情。

曾经坚信的天荒地老，被细微平常的小事所轻易瓦解。一时的不甘愿草草终结了立下的誓言，再说什么后话都于事无补了。

爱情如此，其他事也是如此。当初下定决心做出的选择，让你辗转反侧了多少个夜晚，随后呢，你可曾抱着初心一路走下去了？抑或是在半路就变了心意，换了初衷？

贾宝玉说女人是水做的，我却只肯承认女人身体上的娇弱，却从来不愿承认心灵上的娇弱。也许女人算不上强悍，但遇事同样可以坚强些，坚韧些，不要一味地退缩忍让。

如若有千般后悔、万般无奈的那一天，纵使千错万错也怪不得别人，因为这枚苦涩的果子，是你亲手种下的，理应由你来咽下。

所以，即使逆着风，也要再坚持一下，再坚定一些。

相恋相爱的两个人，除了要应对彼此的棱角，还要面对来自家庭的压力。也许这份压力不足以摧毁爱情，却足以让爱情举步维艰。

梁思成的母亲李蕙仙，是梁家举足轻重的人物，她是前清礼部尚书的堂妹，由尚书做主、操办，嫁给了梁启超，她遇事果断，意志坚决，积极支持丈夫的事业。

李蕙仙很是性情乖戾，对未进门的林徽因很是看不顺眼，她的不赞成便成为这门亲事最大的阻力。不久，李夫人病故，梁思成和林徽因在心理上刚刚放下重负，不料李夫人的长女梁思顺又成了二人的烦恼。

梁启超20岁得思顺，28岁才有思成。他对这个女儿自然宠爱无比，已经成人的梁思顺干练精明，既是父亲的助手，又比弟妹们大出许多，是他们的长姐，她在家中的地位并不比母亲低多少，由于与梁思成和林徽因是同辈，便毫不避讳地反对他们的婚姻。在林徽因与梁思成留学美国的时候，梁思顺正随驻外使节丈夫在加拿大，直接与林徽因发生了正面的冲突。

林徽因知道梁思成夹在中间左右为难，却也掩饰不住内心的委屈。偏袒未来嫂子的梁思永为了帮助她，不断写信回国，向父亲求助，希望他可以劝劝长姐。然而解铃还须系铃人，在林徽因和梁思成的不断努力下，终于在数月之后，将冲突化解了。

与梁思成在一起，是她的选择，她忠于内心，忠于自己。

婚恋，绝不仅仅是两个人的事情，它与各自的家庭有着不可回避的牵连。能赢得大家庭的首肯，得到父母亲朋的祝福，自然是非常圆满的事情。

然而世事难料，每个人都有不同的脾气秉性，你不会喜欢每个人，自然也不会得到每个人的喜欢，这是太正常不过的事情。遇到一些阻力就退缩，这是对自己、对感情不负责任的表现。

终于突破重重阻碍成为夫妻的林徽因和梁思成，没有一味地沉浸在婚姻的幸福里。

他们有着共同的兴趣爱好，有着相同的奋斗目标，婚姻使他们更紧密地绑在一起，互为帮手，去开拓新的天地。

夫妻二人致力于"中国建筑史"的研究。据记载，为了勘测散落于祖国各地的古建筑，他们先后花费了15年时间，足迹遍布全国190个县，2738处古建筑，包括河北宝坻广济寺（现属天津）、正定的辽代建筑，山西大同古建筑及云冈石窟，河南安阳，山东曲阜孔庙的修葺计划及建筑考察，还在抗战期间对四川的29个县市进行了考察。

他们的足迹遍布祖国的山山水水，其间遇到无数艰难险阻，都未能让他们放缓前进的脚步。他们凭着对建筑事业的忠诚与热爱，凭着各自坚定的信念和毅力，以及彼此之间坚贞不渝的爱，一路走来。

梁思成说过："中国有句俗话，'文章是自己的好，老婆是别人的好'，可是对我来说，'老婆是自己的好，文章是老婆的好'。"

直言不讳的赞美，不设心防的信任，发自内心的敬重，以及无微不至的呵护，他用行动回应了她的选择。

近30年里，她不仅拥有自己热爱的事业，也拥有真正了解自己、珍惜自己的爱人。梁思成不同于徐志摩的浪漫，也不同于金岳霖的幽默，他就是他，林徽因从选择他开始，就决定了要坚守这份爱情。

比起男人，女人更害怕选错路，做错决定。青春韶光是留不住的东西，所以女人应格外珍惜，要极力避免误入歧途，一旦犯了错，后果是难以预测的。

　　既然做了选择，一场名为人生的赌注便拉开了序幕。结局是喜是悲，是热闹还是寂寥，都不会逃过生死的别离。与其惶惶终日，犹豫不决，不如安下心，将这份选择进行到底。

独处是一门学问

　　没有人会活成一座孤岛，也没有人甘愿独自品尝孤单的滋味。你一定有过独自一人的经历，被人潮拥着向前走，看着过往的行人面色凝重，脚步匆匆，你品尝到寂寞的滋味了吗？

　　女人，有着比男人纤细千倍的神经，很多微小的不能被男人粗大神经感知的情绪，却在不知不觉间，占领了女人的小心脏，折磨得她辗转反侧。比如，孤单。

　　一个人就意味着冷清、寂寥吗？

　　不，当然不是。一群人有一群人可以尽享的狂欢，一个人也有一个人可以拥有的精彩。

　　自处，是女人在漫长的时光中，需要习得的本领。用来应对许许多多的"一个人的时间"；用来攻克独处时的难挨；用来安排接下来的空闲时间。

　　有事做，有所期待，是女人最好的状态。独立又完整的灵魂，在精神上，不仰仗任何人，不依赖任何人。关起门，在自己的小天地里，自己与自己相处，去享受而非忍受一个人的时光。

　　摒弃这个世界的浮华和喧嚣，放空自己，自得其乐，自在逍遥。

　　我想象我在轻轻的独语：

十一月的小村外是怎样个去处？

是这渺茫江边淡泊的天，

是这映红了的叶子疏疏隔着雾；

是乡愁，是这许多说不出的寂寞；

还是这条独自转折来去的山路？

是村子迷惘了，绕出一丝丝青烟；

是那白沙一片篁竹围着的茅屋？

是枯柴爆裂着灶火的声响，

是童子缩颈落叶林中的歌唱？

是老农随着耕牛，远远过去，

还是那坡边零落在吃草的牛羊？

是什么做成这十一月的心，

十一月的灵魂又是谁的病？

山拗子叫我立住的仅是一面黄土墙；

下午通过云雾那点子太阳！

一棵野藤绊住一角老墙头，

斜睨两根青石架起的大门，倒在路旁

无论我坐着，我又走开，

我都一样心跳；

我的心前虽然烦乱，总像绕着许多云彩，

但寂寂一湾水田，这几处荒坟，

它们永说不清谁是这一切主宰；

我折一根柱枝看下午最长的日影

要等待十一月的回答微风中吹来。

被众星捧月的林徽因，用一首淡泊清雅的小诗，倾诉着此时此刻难以排解的寂寞。

她望着窗外，明媚欢悦的阳光播洒着金黄色的暖意；成双成对的鸟儿欢快地叽叽喳喳唱着歌，它们拥着洒落在羽毛上的金黄色，在空中翩翩起舞，不知疲倦；三五成群的孩子们疯跑着，无忧无虑地享受着属于他们的简单快乐。

他们都不会感到孤单寂寞吧。

她入神地看着眼前的一切，心里有着说不出的向往和羡慕，却也只能做个旁观者。

从大足考察回来之后，本就虚弱的林徽因，经过一番长途跋涉、劳累折腾，好不容易有了好转的肺病又复发了，甚至变得愈发严重。连续几周的高烧不退，消耗着她的健康。

昏昏沉沉的脑袋，提不起半点精神；困乏无力的四肢，走不出半步的距离。疾病将她囚禁在病床上，一个人忍受着这份煎熬。

往往这个时候，女人不似男人那样一声不响地苦忍，而是开动大脑，胡思乱想。她用凌乱的思绪盘算着缓慢行进的时日，仿佛每一刻都被拖慢了节奏，时间是如此之漫长，似乎没有尽头，令人看不到生的希望。

一日一日地撑下去，疾病将她从正常的生活中剥离出来，在她周围似乎有着透明且坚固的隐形墙，阻隔了她与外界的沟通。

雪上加霜的是经济上的窘境，加重了日子的艰苦和心头的阴霾。营造学社的经费已经接近枯竭，中美庚款也停止了补贴，唯一可以依靠的是重庆教育部的微弱资助，基本的生活已经越来越难以维持下去。

值得庆幸的是，史语所、中央博物院筹备处的负责人傅斯年和李济在艰难时刻伸出了援助之手，把营造学社的5个人划入他们的编制，这样才可以拿到微薄的薪水。

收入大幅度降低的同时，林徽因的病情也跟着严重起来。无奈之下，她和丈夫的工资大部分花在了治病上。昂贵的药品，犹如洪水猛兽般吞噬着这个家。拮据的生活慢慢难以承担负累，入不敷出的情况更加明显。

为了活下去，为了填饱饥肠辘辘的肚子，夫妻二人只得忍痛割爱，开始挑些值钱的衣服和贵重的物品拿去典卖，行动有些不便的梁思成，隔三差五地便要走一段很远的路程，去一趟当铺，换一些生活费回来补贴生活。

举步维艰的生活，支离破碎的身体，如五指山般压迫着林徽因。最痛苦的是一个人待在家里，仿佛被蛮横的命运关押着，动弹不得，挣脱不开。

她不愿意只是眼睁睁着时间在指尖溜走，留下钟摆嘲笑她无能的声音。她试图抓住时间的尾巴，尽己所能度过平凡简单的日子。

林徽因所经历着的苦日子，与其说是在与现实做斗争，不如说是在和她自己较量着。如果忍气吞声可以解决眼前的烦闷，那么大可不必再挖空心思去琢磨新点子，只不过，越是默不作声，情况就越适得其反。

现实和自己，总得有一样先改变。现实"傲娇"起来，生硬地回绝了她的请求，无奈之下，也只能从自己开始。

她支撑起身体，将唯一没有当掉而幸存下来的留声机摆弄好，释放出她以往最爱听的音乐，希望借此可以帮她暂时忘掉所处的苦难。

贝多芬和莫扎特是林徽因喜爱的两位大家，一曲《维也纳森林故事》，一曲《月光水仙女之舞》，一曲《胡桃夹子》，反复聆听，跳跃的音符填满了寂寞的心房，让她的独处不再感到孤寂。

你热爱音乐吗？或是瑜伽，或是书籍，或者是一些其他爱好。独处一室或身旁没有他人的时候，你都是怎样打发时间的呢？蒙头大睡不分昼夜，商场血拼刷爆信用卡，还是看一场期待已久的电影？

女人可以有广泛的兴趣爱好，只要能够取悦自己，能够与她并肩战胜寂寞，就没有什么不可以。

林徽因面对这样的情况，除了听一听舒缓宜人的音乐，更多的时候，她选择以书为友。这些不言不语的朋友，在默默无言中陪伴着她，用文字构建而成的世界替她赶走了寂寞。

你那百折不挠的灵魂，天上和人间的暴风雨，怎能摧毁你的果敢和坚忍，你给了我们有力的启迪：你是一个标记，一个象征，标志着人的命运和力量；和你相同，人也有神的一半，是浊流来自圣洁的源泉。

当她以为心灵和肉体都将被空虚掏空的时候，来自异国的诗句给予了她对抗寂寥、冷清的力量。如同在一场生死角逐中，她靠着文字占了上风，把摇摇欲坠的旗帜又树立了起来。

一个人待在房间里，静悄悄的，仿佛可以听见心脏清晰的跳动声。独自发呆，毕竟只靠着过去美好的回忆，无法战胜铺天盖地的孤独感。

别愁眉苦脸的了，起身找点事情来做吧，随心所欲，不管做什么，忙碌的感觉总要好过寂寞。

被丈夫梁思成视为左膀右臂的林徽因，当病情稍微稳定下来，有所缓解的时候，就打起十二分精神，为丈夫写作《中国建筑史》做准备工作。整理繁杂的资料，并做笔记，尽可能地尽善尽美。

小小的帆布床四周，总是堆满了要用到的书籍和资料，方便她随用随取。生活没有给予她便利，她就自己创造便利。

尽管活动空间还是只有床铺那么大，变换着的四季风景只能在窗口观赏，可一切的一切又充满意义。一个人在家也不再是苦闷的一件事情，相反，正是因为一个人，她仿佛开辟出了一个只属于她的世界。

如何处理无人陪伴的时间，对于女人而言，有着举足轻重的意义。让纤细敏感的神经得到满足，即使一个人，也不要被孤单绑架。你可以有更好的选择，更贴心的安排，活出一个人的精彩。

重新规划一下个人的时间吧。

爱美，就化个美美的妆，穿上靓丽的衣衫；爱学识，就翻开书本，多汲取一些向上的力量；爱见识，就整理好行囊，向南向北向天涯奔去。

准备一下吧，做一个能够自我陪伴的女人。

是是非非，但求问心无愧

世间事，皆说公道自在人心。然而，人心各异，想要寻得众人的一致认可，实在太难。如此一来，难道就要活在别人的心思之下吗？

女人素来柔弱，敏感细腻的神经，时刻注意着外界对自己的评论，被别人的标准束缚着。这样的女人，也许乖巧，也许温柔，却不自由。

孰是孰非，并不在于别人的三言两语，他们只是旁观者，未必真的可以清楚明白。所以，作为女人，不要活在别人的眼光中，更无须受他人的摆布。

是非对错，听听自己的心声，没有辜负，没有愧疚，就是最好的评判标准。

一个女人，有生之年能够博得众人青睐，实属难得。

林徽因是女人中的佼佼者，纵论古今，是难以复制的版本。她正如夜空中最璀璨闪亮的那颗星，站在高处，供人欣赏、追随。当然，除了溢美之词，自然也会有不中听的议论。

她随意在人间走了一遭，红了樱桃，绿了芭蕉，带着无可抗拒的魅力住进了人们心里。

与之不熟识的人，将她看作远在天边的云朵，洁净素白，高不可攀，叹服她的魅力，好奇她绯闻繁多的感情故事。

与之熟识的人，会不由惊叹，世间竟会有她这般的女子，集才华、气质、傲骨于一体，她的理性和感性相安无事地安放于她的思想之中，令周遭的人为之倾倒、沉醉。

前有徐志摩为之成痴成狂、抛妻弃子，置责任于不顾，顶住流言蜚语，开中国现代离婚之先河；后有金岳霖为之画地为牢，甘愿终身不娶，以半生之力"逐林而居"，静谧关照，默默守候。

最终她将芳心交予梁思成，以真心换真心。夫妻二人婚前笃信西方式的自由爱情，随后又遵从父辈所结的秦晋之好，终结成伉俪，"梁上君子、林下美人"，宛若天设。

与感情相关的纠葛，无意之间便会引发出更为纷繁杂乱的枝节。睿智如她，自然知道该何时进退，何时取舍。她的一言一行，一颦一笑，都会丝毫不差地落在旁人眼中，受人品评，成为人们茶余饭后的谈资。

顺耳或逆耳的话，她都听到了，也只是含着笑，是非或对错，她不想苦着脸，扯着嗓子去急忙解释或争辩什么。她听得到内心的声音，清楚自己的心意，前进或是后退，她都没有愧对任何人，这是她的底线和原则。

有些人会为徐志摩抱不平，不满林徽因的逃避与躲闪，致使他的满腔热情扑了空。他的浪漫情怀专属于她，他将那百年康桥化作柔柔诗意，呈现在她眼前。他确信她动了心，她眼中闪烁着的光芒，分明是种鼓励和赞许，他不相信自己会错了意。

也许正是那些被赋予了生命的文字，那一次次纯美的笑靥，吸引着徐志摩，让他义无反顾地去追求林徽因，这个他视作"波心一点光"的女子。林徽因以父亲的一封回信，婉拒了他的不息热情；以不告而别，回绝了他的浓浓爱意。

时过境迁，当二人重聚时，林徽因已经与梁思成订了婚。即便如此，同为新月社成员的二人，默契地组织活动，共同登台演戏，并常有书信往来。

没有猫腻，就不用掩饰和狡辩。

纸上的每一行字，都带着老朋友亲切的问候与诉说。至少，她珍视这份真诚无杂质的友情。她将他视为导师，视为兄长，唯独不是恋人。

也许这是她个人的清醒，对他来说，却是残忍。

原本日子可以这样细水长流地过下去，所有当事人都可以默契地闭口不谈。将一切是非恩怨重新拉回现实，摆在人们眼前的，是徐志摩的云游不返和他的"八宝箱"。

林徽因不会想到，一向洋溢着澎湃激情的诗人，会如此仓促别离，阴阳相隔。

1931年11月19日早8时，徐志摩搭乘中国航空公司"济南号"邮政飞机由南京北上。忍住一路颠簸，只为去参加林徽因当晚在北平协和小礼堂为外国使者举办的中国建筑艺术演讲会。

他要来听演讲，她是知道的，甚至约好与丈夫梁思成一起去迎接这位老朋友。然而，她未能等到他，等到的却是心碎的消息，飞机忽遇大雾弥漫，机师为寻觅准确航线，不得已降低飞行高度，不料与开山相撞，机毁人亡。

还未来得及道一声珍重，自此，即是永别。

故事并未就诗人的英年早逝而落下帷幕，相反，是新一轮的跌宕起伏。

1925年3月，徐志摩决定出国旅行。临行前，他将一个小皮箱交给他的好友——中国著名女作家凌叔华保管。皮箱内，除了部分文稿外，便是引人注目的他的两三本英文日记，还有陆小曼的两本日记。

本是记录寻常琐事、平常心情的日记而已，如何成为一场纠纷，扰得沉睡之人不得安宁？

徐志摩的日记，洋洋洒洒，肺腑之言，多是写当年对林徽因的情愫，所以，不适宜让新婚妻子陆小曼看到。陆小曼的日记，天南海北，随性无拘束，数落林徽因的部分较多。所以，不适宜交由林徽因保管。

他自认为交给凌叔华即是万全之策，却未曾料到，这个装满他情感隐私的"八宝箱"，会在林徽因、陆小曼和凌叔华之间引发一场争夺战。甚至徐志摩生前最敬重的友人胡适也被卷入其中，最终竟演变成中国现代文学史上的一桩"公案"。

历史对于林徽因，有着两面的评价。

仰慕她的人，不遗余力地去赞美她，歌颂她。厌恶她的人，不由分说，认定她是颇有心计的女人。自然是因为她与徐志摩在英国时，朦胧未定的感情。甚至断言，她与他即使未曾有过恋情，也有过欲擒故纵的把戏，所以才会对"八宝箱"这般紧张，宁愿掀起波澜，也要拿到手。

一时间，各种揣测甚嚣尘上。别人看来，似乎作为许夫人的陆小曼去争夺皮箱更合乎常理。林徽因做出这番举动，不外乎是为了维护如今的家庭和名声。

批评声、质疑声，不绝于耳。

一向骄傲的林徽因，断然不会对外界的猜疑做出回应。她不去理睬众人的闲言碎语，只是挚友的离去，让她不得不将心声吐露。

在她写给胡适的信中提到："他变成一种 Stimulant（兴奋剂）在我生命中，或恨，或怨，或Happy或Sorry，或难过，或苦痛，我也不悔的。"

她无悔于那段无疾而终的曾经，不否认她与他在心灵上的共情与共鸣，不隐瞒她对他的真情实感。

她说："关于我想看那段日记，想也是女人小气处或好奇处多事处，不过这心理太Human（人之常情）了，我也不觉得惭愧。实说，我也不会以诗人的美谀为荣，也不会以被人恋爱为辱。我永是我，被诗人恭维了也不会增美增能，有过一段不幸的曲折的旧历史也没有什么可羞惭。我的教育是旧的，我变不出什么新的人来，我只要'对得起'人——爹娘、丈夫（一个爱我的人，待我极好的人）、儿子、家族，等等，后来更要对得起另一个爱我的人，我自己有时的心，我的性情便弄得十分为难。前几年不管对得起他不，倒容易——现在结果，也许我谁都没有对得起，你看多冤！"

徐志摩去世之后，伤心不已的林徽因拜托丈夫梁思成将徐志摩罹难飞机残骸的碎片取回，丈夫照做了，后来，她将碎片挂在卧室最醒目的位置。

社会上捕风捉影的蜚短流长又开始了，绕来绕去，绕进了她的耳朵里，许多人不理解林徽因的举动，甚至将这看作她倾心于他的证据，许多人又开始替梁思成打抱不平，叫嚣着谁才是她的真爱。

有君子之风的林徽因与梁思成，不做任何解释。

那块被烧得漆黑的飞机碎片，仅仅是她对逝者的深切缅怀，是为了弥补来不及说再见的遗憾，以寄托哀思，仅此而已。

林徽因同父异母的弟弟林恒驾飞机与日军抗战而为国捐躯，她也一样是将飞机的碎片安置于室内，怀念的感情是相通的，只不过是想留个睹物思人的念想。

这是君子的坦荡，不在乎他人怎样歪曲事实，怎样误解初衷，她要做的很简单，就是不去理睬，听之任之。

这是她珍藏的情感，珍而重之的旧友，无须多言。那些流光溢彩的火花，都在时光中静静流转。不在乎外人如何揣度、误解，她坚持这是她的私事，是她问心无愧的过往。

凡世俗尘，难免遭遇纷纷扰扰，一张嘴巴注定应付不来几十张嘴巴，甚至几百张嘴巴。无论以何种理由辩解，都难逃众人悠悠之口。

只要相信，清者自清、浊者自浊。不求面面俱到，趋于完美，但求问心无愧，对得起胸膛中这一颗赤诚之心，至于其他，一切随风去吧。

永葆生命的鲜活

宇宙洪荒中，人类是渺小的一粒尘埃，可尘埃也有自己的生命，掌控着无限可能的未来。

生命世代繁衍，生生不息，为人类的进步留有无穷的余地。作为生命个体，每个人又是如此与众不同，背负着由生至死的命运，享受着几十载光阴，或平淡，或惊奇。

童年时的天真无邪，青年时的年少轻狂，中年时的沉稳庄重，老年时的老态龙钟，每个人都会依次经历体验，这是大自然不变的规律，人类再强大，也改变不了的定律，所以只能顺应。

每个阶段都会有所不同，那每一阶段的每一天呢，是否几十年如一日，渐渐从轻快涌动的活水，变成了毫无生机的死水？

生命在于运动，更在于永葆鲜活。

一个绝好的办法就是敢于尝试新鲜的事物，让自己不断积累新的体会，更新阅历和感受，制造不同的情绪，充实生命。

一成不变又顽固不化的女人给人一种生硬刻板的感觉，与她相处久了，就会发现她的生活没有半点激情，如白开水般无滋无味。

平淡固然稳妥，却少了些滋味。

病痛让林徽因的心情一直处于沉闷的状态，她找不到现实的出口，只得任由自己的生活像平静的湖面般没有一丝波澜。

费正清、费慰梅夫妇见到好友一副愁容惨淡的模样，心疼之余便拉上她到郊外骑马。骑马对林徽因来说是新鲜事物，她已经很久没有突破自我，尝试新事物了。

多日来，她被困在这狭小的天地里，看着一次次的日出，一次次的日落，重复着单调的生活，时间仿佛静止了一般，只有堆积如山的家务能够稍微唤醒她沉睡的记忆，只有手头上的工作时刻提醒她，醒醒吧，日子还在继续呢。

多少人让生命流于形式，抱着只要活着就好的念头，捱过了大部分流年。生命还在进行着，只管向前迈着步子，盼完今天，盼明天，像索然无味的流水账，辜负了大好韶光，虚度了鲜活的生命。

多少人走到生命的终点，黯然神伤，留有遗恨，那些曾经讨厌至极的日子，就这样一去不复返，想得到却再也没有机会了。

对女人来说，25岁是一个可怕的门槛，迈过这个门槛之后，似乎只剩下衰老这一件事，害怕青春不再，担心悄悄改变着的容颜，恐惧"人老珠黄"这样的词语有一天会落到自己身上。

女人们，似乎担心的有些为时过早吧。

衰老是人体机能的退化，却不一定就代表着丑陋和无能，生命的广度和宽度也并不是以年轻或年迈，美丽或丑陋来衡量计算的，如若这样计算，未免有辱生命的真正价值。

生活是活给自己看的，何必斤斤计较。

既然担心皮肤松弛、身材走样，那就抛开懒惰之心，运动起来；担心人到老年跟不上社会的脚步变得百无一用，那就读书看报，留心时事，保持与外界的连接畅通。

策马前行的林徽因，英姿飒爽，颇有大将之风，号称"美利坚骑士"的费正清也不由得大为赞赏，她在马背上的姿势让他叹为观止，美得如一幅油彩画。

在野外，自由自在地感受着信马由缰的快乐，呼啸着的风，摇摆着的花朵，刷新了她苦闷的生活，生命又焕发出它应有的蓬勃与盎然。

林徽因爱上了马背上的洒脱，这是她之前从未体验过的新鲜感。她雀跃着，买来了一对马鞍、一套马裤，装备得很是齐全。换上这身装备，她似乎又多了一个新的身份——骑手。

那段日子，给林徽因的印象是新鲜而美好的，费氏夫妇回国后，她在信中对往事的回顾，依然是那样神采飞扬：

自从你们两人在我们周围出现，并把新的活力和对生活、未来的憧憬分给我以来，我已变得年轻活泼和精神抖擞得多了。每当我回想到今冬我所做的一切，我都是十分感激和惊奇。

你看，我是在两种文化教养下长大的，不容否认，两种文化的接触和活动对我来说是必不可少的。在你们真正出现在我们（北总布胡同）三号的生活中之前，我总感到有些茫然若失，有一种缺少点什么的感觉，觉得有一种需要填补的精神贫乏。而你们的"蓝色通知"恰恰适合这种需要。

另一个问题，我在北京的朋友年龄都比较大也比较严肃。他们自己不仅不能给我们什么乐趣，而且还要找思成和我要灵感或让我们把事情搞活泼些。我是多少次感到精疲力竭了啊！今秋或不如说是初冬的野餐和骑马（以及到山西的旅行）使整个世界对我来说都变了。

想一想假如没有这一切，我怎么能够经得住我们频繁的民族危机所带来的所有的激动、慌乱和忧郁！那骑马也是很具象征意义的。出了西华门，过去那里对我来说只是日本人和他们的猎物，现在我能看到小径、无边的冬季平原风景、细细的银色树枝、静静的小寺院和人们能够抱着传奇式的自豪感跨越的小桥。

用新事物来保持生命的新鲜感，时刻将全新的感觉注入生命，让生命蓬勃有生气。她才不要做困守在家中的太太，死水一般平静且毫无张力的生活，不是她所向往的。

当身体可以自由活动时，她迈开步子，不顾艰难险阻，走进荒山野岭，去探寻早已被人们遗忘的古建筑，每一次旅程都是一次冒险，更是一次充实生命的过程，灵魂的每一寸、每一缕都在风雨黄沙中愈发鲜活，愈发张扬。

当她的健康状况已经不允许她走出屋子的时候，她也没有坐以待毙，眼睁睁地瞅着生命慢慢枯竭，每天只要有可能，她都会提起精神写点东西，有时是关于建筑，有时是关于汉代历史的论文，她甚至还构思了一本小说。

只要尚有一丝气力，她就要扛起生命的重量，不轻易放弃每一分钟的光阴。疾病已经击垮了她的身体，她要挺起胸膛迎接崭新的每一天。

1947年12月，林徽因进行了一次大的手术，在手术前的两个月里，是持续的担惊受怕，她虽然熬过了短暂的发烧期，但在随后的检查中发现了由输血带来的并发症，只有等到医院来了暖气才能做手术。

手术前，林徽因给费慰梅写了诀别信："再见，我最亲爱的慰梅。要是你忽然间降临，送给我一束鲜花，还带来一大套废话和欢笑该有多好。"

没有对死亡的恐惧，只有对好友的眷恋与不舍，带着小女人的俏皮，以及在危难间对生命抱有的一丝希望。

可喜可贺的是，她又一次战胜了死神的威胁，坚强地挺了过来。

费慰梅在《梁思成和林徽因》中叙述道：

手术后不久思成和老金两人都写信来要我们搞点特效药链霉素。这药也不容易弄到，但我们还是想办法托到北京出差的美国朋友分别带了两份去。最后我们得到消息说，徽因已出院回到她清华园家里自己温暖舒适的卧房中，这个地方她戏称是"隔音又隔友"。

到2月中徽因已摆脱了术后的热度，她的体力在逐渐恢复。思成说："她的精神活动也和体力一起恢复了，我作为护士可不欢迎这一点。她忽然间诗兴大发，最近她还从旧稿堆里翻出几首以前的诗来，寄到各家杂志和报纸的文艺副刊去。几天之内寄出了16首！就和从前一样，这些诗都是非常好的。"

他在附言中要我们寄一盒500张的轻打字纸作为新年礼物。"这里一张要一万元，一盒就是半个月的薪水。"这么厉害的通货膨胀真是难以想象。老金也写信来说徽因是好多了，但又补充说，"问题在于而且始终在于她缺乏忍受寂寞的能力。她倒用不到被取悦，但必须老是忙着"。她修改、整理和争取刊行她的旧诗。老金鼓励她这么干，"把它们放到它们合适的历史场景中，这样不管将来的批评标准是什么，对它们就都不适用了"。

生命是否鲜活，全仰仗于个人的安排，不论健康或疾病，都有机会保持前进的动力，不要因为一点病痛就让生活变得死气沉沉。

只有鲜活的事物才会永葆生机，才会在悠然前行的时光里跳跃，成为鲜艳的暖色调，留在记忆里。

还在等什么？等时光匆匆而过，留你在原地发愣发呆吗？趁着还年轻，趁着还能跑能跳，趁着岁月不老，阳光正好，不管是自己一个人，还是拉上三五个知己，欢腾起来吧。

◀ 林徽因和女儿、儿子

▼ 1935年，林徽因于北平

▼ 1934年，林徽因考察山西汾阳县小相村灵岩寺

Lesson 3

你当温柔，且有力量

——做一个优雅的女子

▲ 1928年，林徽因与梁思成在欧洲度蜜月

▲ 1928年，林徽因于欧洲度蜜月

▲ 1928年，新婚的林徽因与梁思成

驱走心魔，主宰情绪

每一个清晨、午后或黄昏，人们伴随着不固定的情绪，展现出这样或那样的表情，做着坚定或迟疑的抉择。

生活，吃到嘴里是酸甜苦辣，过到心里是悲欢离合。

大男人出门在外，扛起一个家的重担，为了生计披星戴月、奔波忙碌；小女人披上精神的"盔甲"应对工作中的紧张与压力，系上围裙操心身后一家老小的衣食住行。

油盐酱醋，调味着饭菜；喜怒哀乐，匹配着生活。

女人向来比男人更能承受来自各方的压力，她们将苦乐糅杂到了自己的血脉里，悄悄化解着。然而，女人终归还是女人。她们亲手打理着自己的小家，慢慢将千头万绪捋顺，让一切杂乱回归正常。

直到有一天，女人遇到了她无法解决的烦闷与麻烦，眼前的一切都变成了她发泄的对象。将不快憋在心里，也不是什么好办法。无处宣泄的压抑加剧了日子的苦闷，生活处处不如意，似乎找不到顺心的地方，仿佛所有人都在与她作对，她感觉自己成了世界的弃儿，在千百万条道路里找不到出口。

她想要呐喊，她需要释放，她不愿意一个人承受折磨。

1930年秋，林徽因卧病在床，无法与丈夫、同事结伴到全国各地考察完好无损或斑驳陆离的古建筑，一切工作和计划都处在停摆的阶段。

她有气无力地躺在床上，四周是冰冷的墙壁，每况愈下的身体和搁置不前的工作，令她忧心忡忡。

她想呼吸新鲜的空气，沐浴温暖的阳光；她想整理行装出外考察，在笔记本上写满密密麻麻的考察记录……可现在，她也只能病恹恹地躺在这里，眼睁睁地看着一切想法成为空想，忍受着病痛的侵扰和精神的折磨。

病弱的身体慢慢催生出了压抑的情绪，就好像躁动的灵魂无处安放，亟须为胸口中积压的郁闷找一个出口。

一声听从我心底穿过，忒凄凉，我懂得，但我怎能应和？生命早描定她的式样，太薄弱，是人们的美丽的想象。

她感叹着凄凉、薄弱的生命，一字一句都透着深深的无奈。

1930年末，应胡适的邀请前来北京大学任教的徐志摩，旧历年前返回家乡时，意外收到了林徽因从北平寄来的照片。她躺在病榻上，满脸愁容，明显不似先前明朗了。

旧历大年初三，返回北平的徐志摩，忐忑不安地来到梁思成的家中探望林徽因。昔日的红润面容已经被疾病消耗殆尽，如今只剩下苍白，瘦骨嶙峋的身体也摇摇欲坠。

同样憔悴的还有林徽因的丈夫梁思成，脸上有着说不出的疲惫和无奈。面对徐志摩的询问，他重重地叹了口气，"前些天，她陪人到协和医院看病，让一个熟悉的大夫看见了，就拉着她进去做了X光检查，一看说是肺结核，目前只能停止一切工作，到山上去静养。"

由于生病的关系，一向幽默乐观的林徽因，变得不像林徽因了。从前很少发怒的她，现在却变得暴躁易怒。经常为一点小事，甚至没头没脑地训斥丈夫梁思成，心疼她的梁思成不忍顶撞她，只得手足无措地应着，不知道该如何缓解妻子的坏脾气。

林徽因的儿子冰冰已经一岁多了，那股可爱劲儿，让人抱着就舍不得放下。一双明亮的眼睛像极了母亲林徽因，脸盘则像极了父亲梁思成。

由于林徽因的病，不得已要去香山休养，梁思成舍不得孩子，又不能陪妻子上山，纠结着该选择留在北平家中还是去沈阳上课。两边都割舍不下，却又不得不做出选择。

受坏情绪影响的林徽因，并没有一直"坏"下去。她找到了反抗现状，管理情绪的好方法。

林徽因在去香山养病前，为徐志摩刚刚创办的诗刊写了三首爱情诗：《那一晚》《谁爱这不息的变幻》《仍然》。

她用尺棰做笔名，将诗发表在1931年4月《诗刊》的第二期上。当她拿到刊物，迫不及待又小心翼翼地阅读这些文字。

那些停留在纸面上的文字，带着熟悉的气息萦绕在她的四周，许久未见的微笑又回到了她的脸上，许久未见的舒适感又回到了她的生命里。

暴躁和易怒渐渐从她的情绪中抽离，她开始收敛脾气，重新做回情绪的主宰者。

春天的香山是花海的世界，上百种花朵熬过寒冬，终于盼到春天的来临，用尽全身力气将生命在此刻绽放。

林徽因正如这片花海中的花，她忘记了医生要她静养的叮嘱，如痴如醉地写起诗来。那一首首小诗，无一不与大自然、生命息息相关。她抛弃了忧郁的心情，将英国唯美派诗人的气质带入了生活中。

5月15日，徐志摩与张歆海、张奚若夫妇一同去香山看望林徽因。

见到一帮好朋友聚在身边，她高兴得像个孩子似的手舞足蹈，终于有人来陪她说说话，谈谈心了。

两个月的静心休养，与之前相比，林徽因的精神和情绪有了很大的转变，脸色也慢慢红润了起来。她还打趣道："你们看我是否胖一些了？这两个月我长了三磅呢。"张歆海的夫人韩湘眉说："看你的脸让太阳晒的，简直像个印度美人了。"

一时间，笑声充满了房间，他们陪她聊到很晚，让她忘记了自己病弱不堪的身体，忘记了得病初期的不快，讨人喜欢的林徽因一点点地回来了。

在这段宁静的岁月里，她笔不停歇地写了《激昂》《莲灯》《情愿》《中夜钟声》《山中一个夏夜》等诗作，并创作了她的第一篇家庭生活小说。

每一字、每一句，掷地有声，包含着她点点滴滴的心绪，见证着她的转变。

对生活和生命的热爱，引领着她看清处境，指引着她将深陷泥潭的自己拯救。纤细的感情，巧妙的构思，还有独特的想象，将旧的世界打破，重新建立起属于林徽因的时代。

与其说女人是内心脆弱的动物，不如说是感情纤细的生灵。外面的风吹草动，都可能招来情绪的波动，坏的情绪一发不可收拾，口无择言，化作一把利剑，无意间伤人伤己，令人毫无防备。

女人要做的是情绪的主人，而非奴隶。

妥善整理好疲惫和无奈、烦躁和抑郁，不要让早已千疮百孔的自己，成为矛盾的根源，更不能让亲近的人因为自己的不快而不堪折磨。

看一本好书，领略一下别人的人生际遇，那一场场相聚和别离所带来的感动，一定可以将本已蓄势待发的臭脾气一扫而空。

　　去公园散散步，生活中尚有这么多美好，那一点点不顺心又能算得了什么，不过是生命中的小插曲罢了。

　　找一样你热爱的东西吧，将热情投注在它的身上，打发一下闲暇的时光，梳理一下零乱的生活。相信你自己，总能找到代替发泄怒火的方式，平静地熬过这一段段坎坷的心路。

　　发脾气不是解决问题的方法，只图自己一时的痛快，不顾他人的感受。当你极其不满，准备大发雷霆的时候，不如设身处地地想一想对方的处境，也许他所承受的痛苦并不比你少。

　　跟心魔说声再见吧，做一个能够掌控自己情绪的优雅女人，不要为鸡毛蒜皮的小事破坏自己优雅动人的形象，不要让紧蹙的眉头代替充满笑意的脸颊。

真正的朋友不用刻意逢迎

荏苒时光，催生出绚烂多彩的生活，走一段旅程，看一城风景。偌大的世界，可有人与你结伴前行，分享快乐，共尝辛酸？成就辉煌的时刻，可有人为你使劲鼓掌欢呼？对抗失意的时刻，可有人为你摇旗呐喊？

女人除了女儿、妻子、母亲的角色，不可或缺的便是朋友。做一个值得别人信赖的朋友，去交一些值得深交的朋友，是一个女人撑起全部生活的重要支柱。

寂寞时需要朋友的陪伴，无助时需要朋友的帮忙，开心时需要朋友的分享。生活在这颗蓝色的星球上，身兼数职的女人，格外需要从朋友那里汲取力量和勇气。

对众星捧月早就习以为常的林徽因，周遭可以称得上是朋友的人多之又多。那些仰慕她的人，围绕在她的身边，做她无怨无悔的追随者。

在林徽因的朋友中，带给她真情可贵的朋友之一，是偶然间闯入她和梁思成生活中的费正清（约翰·金·费尔班克）、费慰梅（威尔玛）夫妇。

费慰梅是著名的汉学家，是研究中国艺术和建筑的美国学者。费正清是哈佛大学终身教授，著名历史学家，美国最负盛名的中国问题观察家，美国中国近现代史研究领域的泰斗，堪称"头号中国通"，哈佛东亚研究中心创始人。

在得到这些身份和头衔之前，他们与他们相遇了。

费慰梅是林徽因惺惺相惜、心心相印的知己，是与众不同、无可替代的存在。这份旁人无法替代的感情，扎根在林徽因与费慰梅的心里，两颗种子同时发芽、成长，成为联结友谊的根基。

结下这段珍贵的友谊，靠的不是互相的吹捧，而是始于心灵的偶遇。

费正清和费慰梅都是刚刚走出象牙塔的大学生，两个人对悠长久远的中国人文历史和艺术有着共同的痴迷，他们在这里相遇相爱，最后选择在古老的北平结为连理。

一次聚会，给了这两对夫妇相识相知的机会。完全被对方的才华气质所倾倒的两对年轻人，兴趣盎然地交谈起来。天南海北，古今中外，各自际遇与感悟，在不知不觉中，心与心的距离一寸一寸地被拉近了。

意想不到的是，两家竟是相距不远的邻居，这一发现更让他们欢欣不已。古语有云：远亲不如近邻。正是在慢慢的接触、了解中，他们之间的友谊日渐牢固起来。

女人交朋友，看重的是共同的兴趣爱好，对生活的看法以及人生的原则底线。道不同不相为谋，即是这个道理。而人生的这个"道"，不是随随便便就能够找到知音的，也不是靠着曲意逢迎，就可以把酒言欢、以心交心的。

真正的朋友，是可以共甘苦的人。她一定是看过了你的美与丑、善与恶，了解了你的美德与恶习之后，依旧站在你身边，不离不弃的那个人。

女人是多愁善感的动物，微乎其微的点滴小事，都可以摧毁她的内心防线，让情绪溃不成军。所以，女人比男人更需要向朋友诉说心事、征求意见。此时，有一个真诚的朋友，是何其重要。

当林徽因与梁思成刚从沈阳迁回北平，开始接手营造学社的工作时，沉重的任务和繁重的家务给她平添了许多烦恼和苦闷。百废待兴之际，使得她分身乏术，一向坚强的林徽因，也忍不住诉苦。

第一次操持家务的林徽因，面对稚嫩的小女儿、新生的小儿子以及完全依附于她的母亲，有些慌乱不及。

费慰梅从旁观者的角度见证了林徽因的这场苦难。母亲、丈夫和孩子们，都需要她的精心打理与照顾，全部的责任将她的精力和时间消耗殆尽。费慰梅从西方女性的视角，感受到了林徽因的痛苦，并且看到了这一切痛苦的根源。

女人之间的情分，就基于某些情绪的感同身受。她懂她的烦躁与压抑，慌乱与无措，她能做的便是抽出闲暇时间陪伴她。

等到费慰梅与丈夫回国之后，林徽因与她一直保持着书信往来。那些没有办法面对面诉说的心事，就流于笔尖、行于纸上，带着万里的期盼与思念，跨越海洋，传递到彼此的手中。

在林徽因肺病复发的艰难岁月里，枯竭的经费和严重的通货膨胀，使得本就因治病而拮据的生活更加捉襟见肘。

在重庆领事馆的费慰梅与丈夫，得知了林徽因夫妇的困境，赶忙托人捎来一点奶粉，尽力帮忙改善他们的饮食。更是一而再地来信，劝说他们去美国治病，并愿意提供经济上的帮助。林徽因感激好友的关心，却还是拒绝了好友的提议。

久未谋面的两个人，在重庆得以团聚。为了带林徽因散心，费慰梅有时会开车载她去城里玩，有时开车到郊外南开中学去接在那里读书的儿子小弟，有时开车到美国大使馆的食堂一同就餐，有时到她和费正清刚刚安顿下来的家里小坐。

　　时刻惦记着林徽因病情的费慰梅，特意请来著名的美国胸外科大夫里奥·埃娄塞尔博士检查了她的病情。等到林徽因的身体允许的时候，费慰梅还带着他们全家去看电影。

　　种种用心，处处细心，是费慰梅对林徽因真挚的友谊。

　　1994年，费慰梅写成的《梁思成和林徽因》一书，由宾州大学出版。她用她自己的方式，来纪念、守护这份情谊。

　　林徽因的儿子，为了纪念母亲，为他的女儿取了与母亲相同的英文名费丽斯（Phyllis）。当他的女儿去美国留学，前去拜访费慰梅的时候，她竟不肯承认他女儿的名字。她说："在我心里，Phyllis就是林徽因，除了她，谁也不能用这个名字。"

　　这是怎样的情深义重，尽管那个人早已远去，然而，在她心里，曾经共度过无数美好时光的朋友，依旧存活在脑海里。

　　她与她维系了一生的友情，也许不如爱情来得浪漫甜蜜，不如亲情这般血浓于水。然而，友情的伟大就在于萍水相逢的两个人，竟成为日后难以割舍的一部分。

　　晚年的费慰梅芳华不再，回忆起他们的相识，有着别样的感受："当时他们和我们都不曾想到这个友谊今后会持续多年，但它的头一年就把我们都迷住了。他们很年轻，相互倾慕着，同时又很愿回报我们喜欢和他们做伴的感情。徽——她为外国的亲密朋友给自己起的短名——是特别的美丽活泼。思成则比较沉稳些。他既有礼貌而又反应敏捷，偶尔还表现出一种古怪的才智，两人都会两国语言，通晓东西方文化。徽以她滔滔不绝的言语和笑声平衡着她丈夫的拘谨。"

　　费慰梅晚年回忆那段时光："我常在傍晚时分骑着自行车或坐人力车到梁家，穿过内院去找徽因，我们在客厅一个舒适的角落坐下，泡上两杯热茶后，就迫不及待地把那些为对方保留的故事一股脑儿倒出来……"林徽因则在相识几年后的信中这样感慨："我从没料到，我还能有一位女性朋友，遇见你真是我的幸运，否则我永远也不会知道和享受到两位女性之间神奇的交流……"

2002年，92岁的费慰梅安详离世。据说，她的追思礼的程序单内页，除了印着自己年轻时的照片，还印着林徽因所作的一首小诗。

也许，这是她临终时的遗愿，她用自己的方式在缅怀先于她而去的好友。

相隔这么久，相互依恋的两个女人，终于又相聚了。

也许，这就是女人之间的友情。在危难时刻，挺身而出，真心实意为你而心疼的人，一定是值得你用心去换的朋友。而这样的朋友，也一定不是仅凭三言两语或几顿饭局就能拥有的。

女人将这种可以交心的朋友称作闺密。

当你取得些许成就，骄傲自大、沾沾自喜的时候，她们会泼你冷水，笑你是个二货，内心却暗自为你开心；当你彷徨失落，跌落到谷底的时候，她们会拉着你一起向前走，不会丢下你。

如果你也有这样陪你傻，陪你疯，却又不忘时刻守护你，永远站在你身边的朋友，那是多么值得庆幸的事。

凡事真心，凡事包容

人心隔肚皮，说的是生理，也是心理。

人与人之间的相处，总是与各种因素联系在一起。为了各自的目的，说真心或违心的话，扮出发自肺腑或虚情假意的表情，欺骗别人，也迷惑自己。

女人最不适合扮演假惺惺的角色，矫揉造作着实令人反感；更不适合斤斤计较，小肚鸡肠，弄得好像全世界都亏欠她什么似的。

待人以诚的女人，有着一颗透明的心，率性纯真，与这样的女人相处，疑心病重的人，也会放下戒心，敞开胸怀去接纳她。

女人，贵在一个真字。

萧乾，闻名世界的记者，卓有成就的翻译家、作家，被誉为中外文化交流的使者。晚年多次出访欧美及东南亚国家进行文化交流活动，写出了300多万字的回忆录、散文、随笔及译作。

他翻译的《篱下集》《梦之谷》《人生采访》《一本褪色的相册》《莎士比亚戏剧故事集》《尤利西斯》等，皆是畅销书籍。

后来著作等身的萧乾先生，在创作的最开始，也只不过是默默无名的文学青年而已。黯淡无光的开始，却博得了林徽因的赞赏，以及真心的鼓励和支持。

他曾说："在我的心坎上，总有一座龛位，里面供着林徽因。"

可见他对林徽因的感激之情有多么的深。

起初，并未相识的两个人，由萧乾的一篇小说结缘，这才慢慢熟识起来。

当时林徽因给沈从文写了一封邀请信，字里行间透着活泼和热情：

沈二哥：

初二回来便乱成一堆，莫名其所以然。文章写不好，发脾气时还要沤出韵文！十一月的日子我最消化不了，听听风，知道枫叶又凋零得不堪，只想哭。昨天哭出的几行，勉强叫它做诗，日后呈正。

萧乾先生文章甚有味儿，我喜欢。能见到当感到畅快，你说是否礼拜五，如果是，下午五时在家里候教，如嫌晚，星六早上，也一样可以的。

关于云冈现状，是我正在写的一短篇，那一天，再赶个落花流水时当送上。

思成尚在平汉线边沿吃尘沙，星六晚上可以到家。

此问俪安，二嫂统此。

徽音拜上

这是1933年的秋天，冷风瑟瑟，可再冷的寒风也吹不灭萧乾内心的兴奋和紧张。他忽然收到沈从文的来信，"一位绝顶聪明的小姐"看中了他发表在《大公报》上的小说，想请他去家里吃茶。这位小姐便是传说中京城文化圈上层精英聚会地"太太客厅"的女主人林徽因。

喜不自胜的萧乾穿上整洁干净的长衫和鞋子，期待着与林徽因相见的那一刻。

他"窘促而又激动"地走进林家，本以为看到的将是一位半躺在病榻上的林黛玉式的美人，结果林徽因穿一套摩登骑马装，精神抖擞，霎时间给了他另一种惊艳，这是他以往没见到过的美。

"你是用感情写作的，这很难得。"这是林徽因对他说的第一句话，带着满满的赞赏。随后，这句话被他珍藏在心里，伴随着他的一生。

也许就是这样简单的一句话，帮他度过了无数个想要放弃文学之路的夜晚，无数次给予他继续坚持的信心和勇气。

进屋后，林徽因先向他介绍了刚从正定考察完提前赶回来的梁思成和碰巧来串门的北大教授金岳霖。等到大家都落座后，她热情地为他们沏茶倒水，忙前忙后，不亦乐乎。

第一次见面，林徽因便俘获了一位忠实的"粉丝"，萧乾更是深感面前这位刚刚肺病复发，却依旧光彩照人的林小姐，"竟如一首纯净的诗"般潇洒、动人。

林徽因发表在《新月》和《大公报》上的作品，萧乾反反复复读过很多遍，从字里行间，便可以知晓它的创作者定是一位有着纯粹气质的女士。

当萧乾发表在《大公报》上的《蚕》被林徽因发现后，她便想邀请他去家里做客，吃茶聊天。

来到林徽因家中做客的人，多为文坛巨匠、社会名流，第一次被邀请的萧乾难免怀着几分忐忑，坐在角落里，显得很局促。

不多时，他的紧张就被林徽因发自内心的热情所消融了，开始畅所欲言，没了初时的那份拘谨。

"喝茶，不要客气，越随便越好。"林徽因说，"你的《蚕》我读了几遍，刚写小说就有这样的成绩，真不简单！你喜不喜欢唯美主义的作品，你小说中的语言和色彩，很有唯美主义味道。"

那双如水的眸子散发着真挚的热度，她在屋里自顾自地来回走动，说到动情处时，脸颊泛着潮红，感染力极强，也动人极了。

令他感到格外吃惊的是，她竟然能大段大段地背诵出他的小说，抑扬顿挫的声音，表情丰富，而且一字不差。

她甚至抽丝剥茧，举出文中的几例详细点评，"当蚕幼小的时候，实在常常可以看得出它那腼腆羞涩处，到了中年，它就像个当家人了，外貌规矩，食物却不必同家中人客气。及到壮年，粗大的头，粗大的身子，和运行在粗壮的身子里的粗大青筋都时刻准备反抗的。握到手里，硬朗不服气得像尾龙门的鲤鱼"，她高度赞扬如此生动形象的描写，简直要把事物写活了。

鼓励与赞美的话，如果不是发自内心，就完全没有意义。林徽因的这番评价，中肯又积极，完全没有前辈的架子。

林徽因说："我在香山时，写过一篇小说《窘》，现在看起来，没有你这篇有色彩。读你的小说让我想到，艺术不仅要从生活得到灵性，得到思想和感情的深度，得到灵魂的骚动或平静，而且能在艺术的线条和色彩上形成它自身，艺术本身的完美在它的内部，而不在外部，它是一层纱幕，而不是一面镜子，它有任何森林都不知道的鲜花，有任何天空不曾拥有的飞鸟，当然也会有任何桑树上没有的蚕。"

萧乾入神地听着，生怕漏掉一个字。

林徽因又转向萧乾："我觉得你那篇小说，最成功的是调动了艺术感觉——那长长的身子就愈变愈透明，透明得像一个钢琴家的手指。一股青筋，絮云似地在脊背上游来游去。我疑惑那就是我所不懂的潜伏在诗魂中的灵感。这段文字真是精彩极了。感觉是什么？感觉就是艺术家的触角。一个作家，在生活面前要有昆虫那样一百对复眼，因为你需要发现的是，存在于人的精神深处的那个不朽的本能，发现人生存于其中的多种形式、声韵和颜色。在感觉过程中，甚至色彩感比正误感更重要。"

在这个时刻，似乎没有人比林徽因更懂萧乾的文字。她的妙语连珠，她的精辟独到，都让他感到深深的钦佩。

他好不容易才按耐住想要呐喊的念头，否则，他一定会当着众人的面，为了心中的喜悦喊出声来。这次茶会之于他的文学生涯，则像"在刚起步的马驹子后腿上，亲切地抽了那么一鞭"。

是她，点亮了萧乾的文学夜空。

1938年7月，萧乾接到从香港发来的电报，告知他去年停刊的《大公报》现已在香港筹备复刊，计划在"8·13"一周年之际出复刊号，请萧乾速速赶往香港。兴致勃勃的萧乾接到电报后，立即跑到林徽因家，把这个激动的消息告诉她。

林徽因听闻他可以重操旧业，也不由得为他高兴，说了许多鼓励他的话，来为他加油鼓气。随后，萧乾马不停蹄地赶赴香港开工。忙碌的日子里，林徽因也不忘时常写信鼓励和支持他。

那一字一句的鼓励，成为萧乾奋然前行的动力，正如一盏明灯，守候在漫长的黑夜中，在孤独无助的时刻，献上最温暖的亮光。

梁从诫曾说："1931年以后，母亲除诗以外，又陆续发表了一些小说、散文和剧本，很快就受到北方文坛的注意，并成为某些文学活动中的活跃分子。从她早期作品的风格和文笔中，可以看到徐志摩的某种影响，直到她晚年，这种影响也还依稀有着痕迹。但母亲从不屑于模仿，她自己的特色愈来愈明显。母亲文学活动的另一特点，是热心于扶植比她更年轻的新人。她参加了几个文学刊物或副刊的编辑工作，总是尽量为青年人发表作品提供机会；她还热衷于同他们交谈、鼓励他们创作。她为之铺过路的青年中，有些人后来成了著名作家（比如萧乾，又比如**沈从文**）。"

愿意付出真心的人，才值得深交。在她面前才不会设防，不会绞尽脑汁去反复思量哪句话该说，哪句话不该说。同时，也不会带着十二分的警惕去揣摩她的言行举止。跟她做朋友不会觉得辛苦，在交往过程中，不由自主地轻松下来。

凡事真心以对，凡事包容以待的女人，她的运气也不会差。她的快乐会有更多的人愿意去分享，她的烦忧也会有更多的人去分担。能对所有人宽心、包容的人，才更令人钦佩。

不管世界如何改变，怀揣着一颗真心去交朋友的人，才能收获一帮同样真心以待的朋友。真心实意，是太难得的品质。

做自己，最简单也最困难

古希腊的圣城——德尔斐是传说中太阳神阿波罗的驻地，庄严而神圣。太阳神神庙外，刻着一句神谕："人啊，认识你自己。"

寥寥数字，读起来却令人心潮澎湃，感到一种莫名的感召力。

古希腊著名的思想家、哲学家苏格拉底也提出过相似的哲学观，即"认识你自己""照顾你的心灵"，经过漫长的发展和完善，最后竟成为古希腊哲学，甚至整个西方文化的核心。

德国哲学家康德，将这条神谕归结为三大哲学追问：我是谁？我从哪里来？我要到哪里去？

人生是一场奇妙而漫长的旅途，从第一声啼哭开始，直到在别人的眼泪中结束。我们总是与其他人连接在一起，我们受他人恩惠，反过来，我们也去恩惠别人。

很多人无时无刻不在希望得到他人的认可和肯定，做别人认同的事情，小心翼翼地征求别人的看法和建议，从别人的眼中找自己，却很少在意自己真正的想法。旁人不会在意我们的内心世界，而我们自己，也稀里糊涂地将它忽视。

真正强大的人，怎会受他人摆布？这是自己的生命，是自己的人生，理所当然要由自己做主。怎么过活，是自己的事情。成为怎样的人，也理应由自己决定。

　　林徽因这样教导自己的孩子们："Be yourself。做人不要故意做作，你是什么样的人，就本分地表现出来。"她用51年的生命历程，诠释了"认识自己"和"做自己"的神谕。

　　建筑是林徽因穷其一生都在追逐的理想，为之生，为之死。哪怕粉身碎骨，也心甘情愿地燃烧着生命。因为她清楚地意识到，建筑是她生命的不可或缺，是她一生的向导。

　　1920年4月，16岁的林徽因跟随父亲游历欧洲。在伦敦的房东，第一次让她接触到"建筑"这两个字。从此，与诗歌、绘画同样需要创造力，并且拥有独立灵魂的建筑，在她纯真的心灵里埋下了美好的种子。

　　1924年9月，20岁的林徽因与梁思成一道进入宾夕法尼亚大学美术学院学习。碍于美术学院建筑系没有招收女生的先例，她只得注册了与建筑系最为相近的美术系，并选修了建筑系的主要课程。

　　相较于得过且过的我们，林徽因知道自己想要什么，知道哪条路通向她的未来。未来确实难以预知，然而我们可以从一个小目标做起，一步一步、脚踏实地地走向未来。

　　未知并不是懈怠、恐慌的理由，些许迷茫也并不能成为无所事事的借口，决不能让一时的彷徨失措，荒废了大好时光，耽搁了未来。

　　1931年，林徽因受聘于北平中国营造学社，在随后漫长的光阴里，她多次深入晋、冀、鲁、豫、浙各省，实地调查勘测了数十处古代建筑，单独或与梁思成合作发表了《论中国建筑之几个特征》《平郊建筑杂录》《晋汾古建筑调查纪略》等有关建筑的论文和调查报告，还为梁思成的《清式营造则例》写了绪论。

　　梦想在心中，目标在前方，路就在脚下，去成为你想成为的人吧！

　　当林徽因在英国读中学的时候，她认为英国女孩子不如美国女孩子那样一上来就这么友好，甚至因为她们的传统，使得她们性格变得矜持而保守。

矜持是谨慎的态度，而不该是瞻前顾后的墨守成规，这是两个不同的概念。

而对于美国女孩子，林徽因曾回忆道："开始我的姑姑阿姨们不肯让我到美国来。她们怕那些小野鸭子，也怕我受她们的影响，也变成像她们一样。我得承认刚开始的时候我认为她们很傻，但是后来当你已看透了表面的时候，你就会发现她们是世界上最好的伴侣。在中国一个女孩子的价值完全取决于她的家庭。而在这里，有一种我所喜欢的民主精神。"

这就是林徽因，在小小年纪就能领悟到自身的价值，不应取决于其他人。父母也好，家庭也好，都不应该草率地决定一个人的价值，人们也不应该听凭别人的安排，完全不顾自己的主张，如行尸走肉般为别人活着。

林徽因绝不会因为别人的三言两语就改变自己的初衷，不会因为别人的喜恶来砍掉自己的棱角。她是林徽因，她可以拥有属于自己的彩色人生。

梁思成的母亲李夫人，对于林徽因与梁思成的婚事极其反对。在宾大学习的日子里，梁思成经常收到姐姐梁思顺的信，信中对林徽因加以责难，尤其是曾有一封谈到母亲病情加重，称母亲至死也不可能接受林徽因。

不能被对方的家人喜爱和接受，对于一个女孩子来说，打击是很沉重的。这就意味着感情的路上存在一个巨大的阻碍，伤心是在所难免的。

现实中，有多少对苦命鸳鸯，因为家庭的反对而被活生生拆散，有情人难成眷属。梁家母女的种种非难，是林徽因不堪忍受的，更不能容忍的是他人对自己人格精神独立的干预，她是享有自主权的个体，为什么要被别人说三道四，而且她并没有做错什么。

她爱着梁思成，她愿意嫁给他，愿意融入他的家庭，然而，她不能接受他人对自己珍藏的自我持有否定态度，被他们摒弃。

从头到脚，她就是这样的人，她不愿意活在别人的非议里，不愿接受别人对自己人格的横加干涉。如若连最真实的自己都无法坚持，又何谈其他。

正如林徽因创作的《吉公》，讲述了一个身份卑微却灵魂高贵的小人物生命意志的张扬和灵魂对自由的渴求。他不需要别人的恩赐，他要凭着自己的生命去奋斗自己的人生，他要去追求属于自己的生活。

你是谁，由你自己说了算。你喜欢热闹，便去热闹；你喜欢清净，便去清净。怎么能因为旁人说热闹太吵人，清净太孤单而放弃自己想要的呢？

在人与人的关系愈发密切的今天，我们活在人堆里。一言一行，一举一动，都逃不过他人的眼睛。评头论足者多之又多，流言蜚语不绝于耳。无形的话语变成有形的压力，压在我们心头，成为禁锢思想的枷锁。

不想被议论，就必须随波逐流，成为大千世界千篇一律的存在。时间久了，连我们自己都忘了自己当初是什么模样，喜好是什么，厌恶是什么，没了自己的想法。

林徽因在那个时代是特立独行的人，可以称得上是一位新女性。她无意在男权社会闯出一片天地，也无意要革新、纠正什么，唯一的目的便是活出真我，活出精彩。

她写信给费慰梅说，她写作的动机，是她有真实的感受，有话要说。她笔下的文章，不是为了迎合时代，更不是为了取悦众人。

以我笔，书我心。这是她一直践行的人生准则。

她对自己诚实，对身边的人诚实。隐瞒真实的所想所感，她是做不到的。矫揉造作，假惺惺地伪装自己，更是她难以容忍的，也是让她极其瞧不起的。

　　如今的时代，备受争议的是女性，备感压力的也是女性。从最古老的三从四德开始，女人就被束缚着。三从四德不见得不好，却用条条框框困住了女人。

　　形容好女人的词汇很多，我们都在努力做一个好女人，家里家外忙活着，成为好女儿、好妻子、好母亲、好同事、好邻居……

　　我们为一个"好"字而活，却很少为"人"而活。我们不得不在他人的期许之下，暗自收拾起内心许许多多的小想法、小期待。我们想实实在在地做自己，却又不得不受他人的约束。

　　我们通过别人来锁定自己的位置，或高或低，似乎总是由别人决定的，随后又因为别人的决定而忽喜忽悲，完全成了木偶人，受别人左右。

　　活着，像是一场演出，竭尽全力地扮演好别人期待的角色。辛苦的时候，看到别人赞许的目光，一下子像是原地满血复活一般，又燃起了动力。

　　试问一下，内心的酸甜苦辣，旁人真的可以与你分享和分担吗？一切喜怒哀乐的承担者，终究只是你自己罢了。你要负责的人是自己，何必苦苦追问别人的想法？

　　做自己，忠于自己的内心。弄清楚自己的喜好，满足自己的愿望，不是自私，而是只有当你将自己充分地演绎出来时，你才能够活得有滋有味。你的独特，也一定会有人欣赏。

自信，让内心强大

西蒙娜·德·波伏娃在《第二性——女人》中，阐述了名为"女人"的定义：人并不是生来就是女人，而是逐步变成了一个女人的……正是社会化的整个过程产生了这种东西……我们称之为女性气质。

母系氏族社会的时代早已不复存在，女人长期在父系氏族社会生存、发展，并且以三从四德、三纲五常为基准。纷繁的规范约束着女人的言行举止，同化着女人，改造着女人。

久而久之，女人习惯了言听计从，习惯了以别人的标准来要求自己，习惯了盲目从众和自信的日渐淡薄。

女人惧怕许多事情，比如来自他人的批评和否定，比如被心爱的人抛弃，比如不可抑制的衰老，比如在与别人的比较中落了下风……

一切都是不自信惹的祸。

林徽因是得到了上天恩赐的女人，她的美和才华，有目共睹，人们甘愿被她的光芒遮掩，只为聆听她的颂歌。

她知道自己的美，也懂得优雅地展示出来。

据说，30年代初期，在北京香山养病期间，她一卷书，一炷香，一袭白色睡袍，沐浴着溶溶月色，很小资、很自恋地对梁思成感慨：看到她这个样子，"任何一个男人进来都会晕倒"。

憨厚的丈夫却说："我就没有晕倒。"嘴上说着没有晕倒的丈夫，心中怕是早已陶醉了吧。

世间的女人，又有几人能有这份自信？女人因为自信才会集千种风情、万种浪漫于一身，那是从骨子里散发出来的魅力。

在宾大读书时的林徽因无时无刻不闪烁着自信的魅力。出校门往北不远的地方，是黑人聚居区，连绵数英里的贫民窟，七高八低的住房，参差不齐，瓦灰色的墙皮上涂抹了一些乌七八糟的图案，垃圾成堆，散发着冲天的霉臭气味，孩子们就在这垃圾堆旁嬉戏，流氓恶棍在街口游荡。

有着绝美的东方面孔的林徽因从附近走过时，他们恶意地吹响口哨，很无礼地注视着她，而她只是落落大方地一笑而过。

只有内心强大的人，才能如此平静地应对别人的恶意起哄。

美国学生戏称中国来的是"拳匪学生"，原因是中国学生的刻板和死硬，林徽因却是个例外，她有着超凡脱俗的美丽，聪明活泼，又说着一口流利的英语，常主动与周围的同学交流，为此格外受大家的欢迎。

人面桃花的女人宛如珠宝，那晶莹剔透的光泽足够令人垂涎。自信洒脱的女人则是稀世宝藏，值得探索，值得珍藏。

在她家客厅的沙龙里，她一直都是当仁不让的主角，即使生了重病，也会躺在沙发上跟客人们大谈诗歌与哲学。

曾经的沙龙常客之一萧乾回忆说："她说起话来，别人几乎插不上嘴。别说沈先生（沈从文）和我，就连梁思成和金岳霖也只是坐在沙发上吧嗒着烟斗，连连点头称是。徽因的健谈决不是结了婚的妇女那种闲言碎语，而常是有学识，有见地，犀利敏捷的批评。我后来心里常想：倘若这位述而不作的小姐能够像18世纪英国的约翰逊博士那样，身边也有一位博斯韦尔，把她那些充满机智、饶有风趣的话一一记载下来，那该是多么精彩的一部书啊！"

1926年1月，一个美国同学比林斯给她的家乡《蒙塔纳报》写了一篇访问记，记述了林徽因在宾大时期的学生生活：

她坐在靠近窗户能够俯视校园中一条小径的椅子上，俯身向一张绘图桌，她那瘦削的身影匍匐在那巨大的建筑习题上，当它同其他三十到四十张习题一起挂在巨大的判分室的墙上时，将会获得很高的奖赏。

这样说并非捕风捉影，因为她的作业总是得到最高的分数或是偶尔得第二。她不苟言笑，幽默而谦逊。从不把自己的成就挂在嘴边。

林徽因的优秀是有目共睹的，她自信于学业上取得的成就，而她的自信不是咄咄逼人的自傲。

以包容为主体的文化氛围，为女人提供了大好的前景，崭新的女性形象也在悄然树立着，被时代赋予更多的选择权。

每个女人都是独一无二的个体，地球上的几十亿人中，也许可以勉强找到与你类似的人，却绝对找不到与你相同的人，你的容貌、性格独一无二，让女人可以潇洒自信地做自己，这也许是上帝的初衷。

自卑的女人总会跟随别人的脚步，服从于固定的模式。在人云亦云中，迷失在别人的规则里，屈从于别人的设定，而忽略了无可替代的自己，这是多么可悲的人生。

多一分自信，就多一分笃定。

1936年，赵家璧为良友图书公司编辑《二十人所选短篇佳作集》，20人应约将精挑细选的佳作一一罗列。

情理之中的是，大部分人推荐的作品皆是出自文坛名家之手，如茅盾、巴金、郁达夫、朱自清、叶圣陶等，都是享誉文化圈的大家。

意料之外的是，林徽因却推选了张天翼、萧乾、罗淑的小说。此时这三位还只是名不见经传的新人，与早已赫赫有名的前辈们相比，显得如此微不足道。

若换作他人，谁会力排众议坚持自己的主张？这不仅是对他人作品的肯定，更是对自我的赏识力抱有极大的自信。而事实证明，她是对的。

由于林徽因的推选，罗淑从众多无名作者中脱颖而出，他的《生人妻》成了传世之作。不得不说，林徽因的鉴赏力超群，也是她对自己满怀信心，才能够有胆识用无名小辈的作品挑战权威，将它与大师们的作品摆在同一水平线上。

是不是很多时候，你明明很钟情于某件衣服，却因为听到别人说"难看至极"或"不适合你"而悄悄放弃了？你甚至没有勇气辩驳，便轻而易举地放弃了自己的想法，最终为别人赞赏的衣服埋单，临走时对自己相中的衣服恋恋不舍，最终却还是没有战胜自己的犹豫。

为什么宁愿买下自己不喜欢的衣服呢？

因为害怕听到别人说："你的眼光怎么这么差。"

真的是你的眼光出了问题吗？不是的，只不过因为个体的喜好有所差异而已，你却如此不自信。

不受别人意见左右，是需要莫大的勇气的，需要以自信心做支撑。内心强大的人，不在意外界的非议，她坚守自己的阵地，守护着心灵家园免受外侵。

1936年，《大公报》创刊10周年之际，萧乾有意编一本在《大公报·文艺副刊》上发表的小说选集。思来想去，他觉得最合适的编选人是林徽因。于是，就把编选工作交给了林徽因，她不负众望，很快编出《大公报文艺丛刊小说选》，选入小说30篇。

其中便有她的《钟绿》和《吉公》，这是那一年她仅写的两篇小说，堪称上乘之作。

林徽因的小说创作与诗歌创作几乎同时发端，为人们所熟知的是她的诗歌，而她的小说寥寥数篇，她却依旧担得起优秀小说家的美名。

1934年，林徽因发表了《九十九度中》这篇小说，内容鲜明、技巧娴熟，震惊了文坛，引起了一阵轰动。对于林徽因的这篇小说，评论家李健吾著文赞叹道："奇怪的是，在我们好些男子不能控制自己热情奔放的时代，却有这样一位女作家，用最快利的明净的镜头（理智），摄来人生的一个断片，而且缩在这样短小的纸张（篇幅）上。我所要问的是，她承受了多少现代英国小说的影响？"

入选的《钟绿》和《吉公》以及这一系列的小说，皆出自真实的生活原型，用回叙的笔调、淡淡的文字追忆过往的人和事，于素雅、隽永间流露出厚重的情谊，极其细腻的心理刻画，如真似梦，耐人寻味。

她不忌讳展现自己的优秀，也不会因为赞美自己而觉得难为情。她相信自己值得被赞扬，她敢于突破过分的谦虚而张扬个性。

每每遇到类似的情形时，人们总会以一副谦逊卑微的姿态示人，对他人毫不吝惜赞美之词，对自己却一带而过。也许是低调的谦虚，也许是无能的自卑。

女人可以平凡一辈子，却不能低眉顺眼一辈子。

女人最要不得的就是唯唯诺诺、畏畏缩缩，挺不直的腰板，躲闪的眼光以及一副讨好的表情，这让男人顺心，却不舒心。

往常，人们可以真心实意地赞美他人，却很难发自肺腑地称赞自己，似乎难逃自傲自大的恶名。诚然，谦虚是美德，然而在有资本骄傲的时候，就应该自信起来。

行走在自信中的女人是最美丽的，如果想变得自信就要走入人群。

林徽因在文学沙龙上的高谈阔论、语惊四座就是最好的例证。

费正清晚年回忆林徽因时就曾说："她是具有创造才华的作家、诗人，是一个具有丰富的审美能力和广博智力活动兴趣的妇女，而且她交际起来又洋溢着迷人的魅力。在这个家，或者她所在的任何场合，所有在场的人总是全都围绕着她转。"

人群中，女人应该大方而自信地展现自己。聚会时，工作时，都该畅所欲言，积极地表达自己的想法。闭口不言的人，看似沉稳，实则有些木讷。

自信是内心强大的支点，不要拿捏自己的形状，去迎合别人的口味。在别人指责自己时，坚定自己的立场。

一抹自信的微笑，胜过任何昂贵的装饰品。

一颗强大的内心，让女人无所畏惧。

真性情，让是非口舌退散

时针嘀嗒嘀嗒地转着圈，人们将自己埋没在规规矩矩的生活里，听闻着来自四面八方的闲言碎语，针对某个人的某些议论，正在滋生、传播。

"谣言止于智者"，可生活中最缺乏的就是智者。没有不去议论他人的人，更没有不被他人议论的人，有些是是非非，人在做、天在看，若坦荡、磊落，一切真相或早或晚都会大白于天下，着实没有必要小心翼翼地去解释，真性情会让漫天的猜疑、揣测不攻自破。

清者自清，浊者自浊，流言蜚语终究敌不过岁月的考验。

金岳霖爱林徽因，林徽因也爱过金岳霖，有夫之妇移情别恋，听起来怎么也不是件光彩的事情，可闪光点就在于爱得真，爱得光明正大，林徽因敢于向丈夫坦白内心的纠结。

情到浓时，她选择正视，而非躲闪或隐藏，她率真、直白的性格，不允许她这么做。

大度宽厚的梁思成，甘愿独自忍受着被抛弃的痛苦，也要成全她的幸福。

真心实意的金岳霖，为了更好地爱她而选择退出，从此绝口不提半个爱字。

她懂梁思成的深情厚爱，也懂金岳霖的成人之美，所以两个人她都不能伤害。她用更牢固的婚姻回报梁思成，用更真挚的友谊回馈金岳霖，她说到做到，绝对不会拖泥带水，辜负他们的一腔热爱。

都说"当局者迷，旁观者清"，其实也未必如此。不明前因后果的人们，开始了自认为有道理的议论，即使是再隐秘的悄悄话，也会一传十，十传百地形成争议，旁观者凑热闹，当局者却被扰得心烦意乱。

有人可怜梁思成差点成了孤家寡人，有人可惜金岳霖的痴心换来一场空，茶余饭后，大街小巷，你一言我一语说得热闹，自认为公正客观，殊不知，只是臆断而已。

林徽因与梁思成由双方父辈牵线搭桥，从而相识；到彼此交心、磨合直至情定终身，则是两个人完全自愿的选择。这段婚姻宽松却也牢固，是两颗真心紧紧相依，享过福，吃过苦，沧海桑田之后，真爱依旧。

爱而不得的金岳霖，以高水准的自持，自始至终守护着他的"女神"，他爱她，心甘情愿做个配角，也许这也是得不到却难得的幸福，是舍不得却值得的选择。

她前半生的韶光，他未曾参与，后半生的点滴，他都会铭记于心，无关风花雪月，无关恩怨情仇，这是独属于他的记忆，每一道深深浅浅的印记，都足以在没有她的日子里供他温存、取暖。

两个男人爱着一个女人，却不存在一丝芥蒂，甚至引为至交，这是怎样的人格境界，才可以握手言和。

林徽因、梁思成与金岳霖，始终保持着高品质的感情，不掺任何杂质，多少有些令人感到不可思议，却又令人心驰神往，牢不可破的爱情和友情，林徽因都拥有了。

可以说，他们一生中的大部分时间都住在一起，是朋友更胜似家人。那无微不至的照顾，发自肺腑的热诚，只有他们三个人最能体会。

金岳霖受过西方教育，对于生活很是讲究。他雇用了一位厨师，面包做得美味可口，于是每天早上准时给林徽因送过去，他闲来无事则穿过小院到她家喝茶聊天，一起消磨时光。

梁思成学术上遇到问题，也常常去请教金岳霖；夫妻二人吵架斗嘴，就某件事争执不下，也会请金岳霖来调停。

若不是因为林徽因的率真，梁思成的信任，金岳霖的克制，怕是不会有这样相敬互信的画面出现。

甚至，在林徽因和梁思成双双去世后，金岳霖依旧与梁思成的儿子相守在一起，梁从诫将这位终身未娶的大哲学家当父亲一样敬重，可见林、梁、金之间的感情是何等的厚。

抗战最艰苦的时期，林徽因和梁思成避难于李庄，贫病交加，金岳霖一有假期就来李庄看望他们，同他们一道过年。

林徽因写给好友费慰梅的一封信里，足以见证三人的亲密与默契：

思成是个慢性子，愿意一次只做一件事，最不善处理杂七杂八的家务。但杂七杂八的事却像纽约中央车站任何时候都会到达的各线火车一样冲他驶来。我也许仍是站长，但他却是车站！我也许会被碾死，他却永远不会。老金（正在这里休假）是那样一种过客，他或是来送客，或是来接人，对交通略有干扰，却总是使车站显得更有趣，使站长更高兴些。

林徽因写完信，顺手递给丈夫和老金看，询问是否有需要补充的地方，老金接过信纸，续写了一段：

　　当着站长和正在打字的车站，旅客除了眼看一列列火车通过外，竟茫然不知所云，也不知所措。我曾不知多少次经过纽约中央车站，却从未见过那站长。而在这里却实实在在既见到了车站又见到了站长。要不然我很可能把他们两个搞混。

　　金岳霖写完，梁思成又接过信来附言道：

　　现在轮到车站了：其主梁因构造不佳而严重倾斜，加以协和医院设计和施工的丑陋的钢板支架经过七年服务已经严重损耗（注：梁思成因车祸脊椎受损，一直穿着协和医院为他特制的钢马甲），从我下方经过的繁忙的战时交通看来已经动摇了我的基础。

　　泛黄又轻薄的信纸上，密密麻麻堆满了文字，没有严格的段落划分，没有天头地脚的格式，连多余的半页也被整齐地裁了下去，以备下次使用。

　　旁人对于这奇怪的三人组合多有微词，他们搞不懂好端端的夫妻二人为什么要容纳一个外人，一个女人不安分地在家相夫教子，却差点折腾出一段婚外恋来，实在有失身份。

　　林徽因不畏惧这些风言风语，甚至不屑于辩解，懂她的人自然会谅解，不懂她的人，她觉得也没必要去费力解释。

　　行得端、坐得正，她对得起自己的良心，对得起丈夫的包容，对得起老金的无私，就足够了。她就是这样的人，不会因为别人的三言两语就有所改变，她是什么样的想法，就直接表达什么样的意思，从不会拐弯抹角、歪曲或美化自己。

　　在这之前，林徽因与徐志摩的感情纠葛，在诗人魂断后，一时甚嚣尘上。

徐志摩遇难后，冰心给梁实秋的信中关于徐的部分是这样说的：

志摩死了，利用聪明，在一场不人道、不光明的行为之下，仍得到社会一班人的欢迎的人，得到一个归宿了！我仍是这么一句话，上天生一个天才，真是万难，而聪明人自己的糟蹋，看了使我心痛。志摩的诗，魄力甚好，而情调则处处趋向一个毁灭的结局。看他《自剖》时的散文《飞》等等，仿佛就是他将死未绝时的情感，诗中尤其看得出，我不是信预兆，是说他十年心理的酝酿，与无形中心灵的绝望与寂寥，所形成的必然的结果！人死了什么话都太晚，他生前我对着他没有说过一句好话，最后一句话，他对我说的："我的心肝五脏都坏了，要到你那里圣洁的地方去忏悔！"我没说什么，我和他从来就不是朋友，如今倒怜惜他了，他真辜负了他的一股子劲！谈到女人，究竟是"女人误他"还是"他误女人"？也很难说。志摩是蝴蝶，而不是蜜蜂，女人的好处就得不着，女人的坏处就使他牺牲了。到这里，我打住不说了！

冰心对"从来就不是朋友"的徐志摩，怕是恨铁不成钢吧。

她欣赏他的诗，他的魄力，却看不惯他"聪明人自己的糟蹋"，格外强调"女人"与他，到底是谁误了谁的问题。

"女人的好处就得不着，女人的坏处就使他牺牲了"，谁是这个"女人"？其实大家心照不宣，暗指的应该是林徽因吧。

她曾是徐志摩"于茫茫人海中访我唯一灵魂之伴侣"，是他至死都在惦念的女人。因为被她所吸引，他宁愿斩断与结发妻子的姻缘，结束不自由且没有任何感情的婚姻，甚至绝情到让妻子张幼仪去堕胎，将自己的亲生骨肉打掉。

　　在他生前，即使是林徽因已经与梁思成完婚，他依旧挂念着老朋友。1931年，林徽因在香山养病，徐志摩常去看她，把她看作可以诉衷肠的人。

　　据林徽因堂弟林宣说，徐志摩去主要是为了"躲气"。

　　"陆小曼生活奢侈浪漫，在上海搞得乌烟瘴气，弄得徐志摩心情很不好。他在北京城里有许多熟人，但没去，就是要上香山，并说'我很不幸''我只有到这里来了'，他到香山跟我姐姐是叙旧，舒舒心气。"林宣说。

　　梁思成极尽东道主之谊，徐志摩与林宣入住旅店的住宿费都是他掏的。

　　"二哥（梁思成）给我的任务，就是陪徐志摩上山。"林宣坦露。

　　"我和徐志摩都住在香山的甘露旅馆。每天吃了早饭就去林徽因住处，我们的中晚餐一起吃，夜里回来。"

　　有人私下与梁思成说起过，徐志摩三番五次地上山来与林徽因畅谈文学，文化圈里都在纷纷猜测是不是二人旧情复燃，话里话外似乎在暗示着什么。

　　梁思成听了，不知心中作何感想，可他坚持一个原则，那就是对妻子无条件的信任。

　　林徽因不会去解释什么，她与徐志摩聊文学、谈创作，激发了她的创作灵感。外人如何传言，那是别人的事情，与她无关。她不仅要与他开怀畅谈，还会将满意的作品寄给他，发表在他主办的刊物上。

　　女人是害怕流言蜚语的，即使是一身清白，也担心从别人的口中说出什么不得当的话来。舆论的压力有时好，有时坏，一人相信，也许并不是真相，五六人之后，或许就变成了确凿的事实。

拿出你的真性情来，为什么要让谣言坏了心情，敢作敢当的人，本身就令人信服。

不虚伪、不造作，何惧那些非善意的口舌。

无须你解释，时间会向世人证明一切，说明真相。

Lesson 4

你当善良，且有锋芒

——做一个有魅力的女子

▲ 1929年，林徽因于沈阳东北大学

▲ 1930年，林徽因在国内补的结婚照

▲ 1929年，林徽因初为人母

三分柔情，七分精致

　　拥有漂亮的脸蛋、优美丰满的曲线的女人，自以为外表的美足以代表一切，足以征服一切。殊不知，女人来这世间走一遭，怎能让自己美得如此狭隘。

　　无论美丑，女人都怀有一颗爱美的心。这是普世的观念，爱美之心人皆有之。相较于男人，女人还多了一点"女为悦己者容"的小心思。

　　女人一生，三分柔情伴着七分精致才算完美。

　　与林徽因有过接触的人，几乎都惊叹于她的美丽，尤其是那一双温婉却坚毅的眼睛，带着几许温柔，却又带着一股不服输的拼劲儿。

　　林徽因是从里美到外的女人，她有着得天独厚的外在条件，也有着世间少有的气质。女人，如果只是内在美，而外表不加修饰的话，那么如果没有长时间的接触，很难让人透过邋遢的外在看到内在。

　　这是很残酷的现实，因为我们都有着一双挑剔的眼睛。

　　若情况相反，徒有光鲜靓丽的外表，却没有半点气质，依我看来，也不过是看多了会生厌的花瓶而已。

　　人类真是奇怪的动物，爱美却又会审美疲劳，简直难"伺候"。

　　可此生能拥有女儿身是件多么吃香的事情。

　　林徽因是所有女人的典范，她没有荒废了精致灵气的五官和玲珑小巧的身段，会打扮，爱打扮，加上气质出众，照亮了整个人生。

　　就读于宾夕法尼亚大学时，林徽因与梁思成是一对正沐浴于爱河的情侣，悠远宁静的校园里，伴着青春蓬勃的声响，每一刻都是那样令人陶醉。

　　每一次约会，林徽因总会叫梁思成等上片刻，不是故意为难他，是爱美的她要悉心地梳洗打扮一番才肯出来见人。一丝不苟的头发，一尘不染的皮鞋，处处精细。

　　得体的穿着打扮，不仅是对自己的重视，也是对他人的尊重。可以说，邋遢的女人是没有未来的。

　　王贵祥的《林徽因先生在宾夕法尼亚大学》中有一个美国女孩对留学时的林徽因的一句描述："（林徽因是）一位高雅的、可爱的姑娘，像一件精美的瓷器。"

　　留学时的林徽因正处在人生最轻快飞扬的年纪，她享受年轻的大好时光，尽情滋润着生命。

　　正如同趋利避害的本能一样，我们也喜欢向美好的人和物靠近，用崇拜的目光打量着一切，带着说不出的羡慕。其实女人可以通过后天得体的装扮和不俗的修养，来提升自己的格调，届时，我们也可以成为别人羡慕或嫉妒的对象。

　　女人爱美，爱打扮，绝对不是坏事。那些花在自己身上的时间和精力，绝对不会浪费。

　　结婚是女人的分水岭，自此嫁入别家，成为他人的妻子，开始操持家务，整日里忙个不停。一有闲暇，只想静静地窝在家里，姐妹们的聚会也参加得越来越少，似乎渐渐脱离了以前的圈子。整个身心被小家庭绑架，只记得丈夫爱吃的口味，只记得每天要做哪些家务。

　　休息的时间都少之又少，又何谈抽出时间精心打扮呢？自认为这样不计牺牲地付出可以换来丈夫越来越多的爱，却不知，当岁月将青春夺去，昔日的少女容颜衰退的时候，婚姻的危机也在慢慢靠近。

尤其是被家务缠身，焦头烂额的时候，索性一切从简，甚至邋里邋遢。这对女人来说，是万万要不得的，干净利落是维持气质的底线。

一个女人，若是连最基本的整洁都做不到，又何谈美和气质。

留学归来的林徽因，与梁思成有情人终成眷属，不久后生下爱女梁再冰。当了母亲的林徽因，依旧光彩照人。

郭心晖中学时代听过林徽因讲课，她对林徽因的印象颇深："1932年或1933年，林徽因到贝满女中为我们讲演'中国建筑的美'。她穿的衣服不太多，也不少。该是春天或秋天，当时这类活动一般都排在上午，在大礼堂。我们是教会学校，穿着朴素，像修女似的。见到林徽因服饰时髦漂亮，相貌又极美，真像是从天而降的仙女。林徽因身材不高，娇小玲珑，是我平生见的最美的女子。她讲话虽不幽默，却吸引人。当时我们似乎都忘了听讲，只顾看她人。"

费正清回忆说："在这个家，或者她所在的任何场合，所有在场的人全都围绕着她转。她穿一身合体的旗袍，既朴素又高雅，自从结婚以后，她就这样打扮。质量上好、做工精细的旗袍穿在她均匀高挑的身上，别有一番韵味，东方美的娴雅、端庄、轻巧、魔力全在里头了。"

多少女人在生完孩子之后变得"面目全非"，失去玲珑有致的身材，也就离"残花败柳"更近了一步。

发福的脸庞和走样的身材是女人们的噩梦，然而，生育是身为女人最重要的一件事，又无可避免。因此，必须要有重返往日辉煌的决心。

教授全震寰在陈钟英的《人们记忆中的林徽因》中回忆道："林徽因每周来校上课两次，用英语讲授英国文学。她的英语流利，清脆悦耳，讲课亲切，活跃，谈笑风生，毫无架子，同学们极喜欢她。每次她一到校，学校立即轰动起来。她身着西服，脚穿咖啡色高跟鞋，摩登，漂亮，而又朴素高雅。女校竟如此轰动，有人开玩笑说，如果是男校，就听不成课了。"

赵清阁的《京华二十日记》也有记载："林女士已经四十五岁了，却依然风韵秀丽。她身材窈窕，穿一件豆绿色的绸晨衣，衬托着苍白清癯的面色，更显出恹恹病容。她有一双充满智慧而妩媚的眼睛，她的气质才情外溢。我看着她心里暗暗赞叹，怪不得从前有过不少诗人名流为她倾倒！"

30岁的林徽因，是如此风姿绰约，哪怕到了45岁，她的神采依旧不减，散发着优雅的美。

即使被肺病折磨，重病缠身的时候，她的魅力犹在，叫人不得不惊叹。

翻译家文洁若在《才貌是可以双全的——林徽因侧影》中惊诧不已："按说经过八年抗日期间岁月的磨难，她的健康已受严重损害，但她那俊秀端丽的面容，姣好苗条的身材，尤其是那双深邃明亮的大眼睛，依然充满了美感。至今我还是认为，林徽因是我生平见过的最令人神往的东方美人。她的美在于神韵——天生丽质和超人的才智，与后天良好高深的教育相得益彰，没想到已生了两个孩子、年过四十的林徽因尚能如此打动同性的我。"

看吧，女人的美丽是可以不受年龄限制的，决定权在于女人自己。

林洙是梁思成的第二任夫人，对林徽因推崇至极，"我承认一个人瘦到她那样很难说是美人，但是即使到现在我仍旧认为，她是我一生中所见到的最美、最有风度的女子。她的一举一动，一言一语都充满了美感，充满了生命，充满了热情，她是语言艺术的大师。我不能想象她那瘦小的身躯怎么能迸发出这么强的光和热。她的眼睛里又怎么能同时蕴藏着智慧、诙谐、调皮、关心、机智、热情的光泽。真的，怎么能包含这么多的内容。当你和她接触时，实体的林徽因便消失了，而感受到的则是她带给你的美和强大的生命力。她是这么吸引我，我几乎像恋人似的对她着迷。"

冰心曾和林徽因、凌叔华、韩湘眉并称文界"四大美人"，尽管冰心曾与林徽因有过矛盾，然而她也承认："林徽因俏，陆小曼不俏。"

相比之下，徐志摩相中的陆美人竟黯然失色。与林徽因芥蒂更深的凌叔华，晚年提起林徽因，说道："可惜因为人长得漂亮又能说话，被男朋友们给宠得很难再进步。"言语中虽有贬义的成分，却又从侧面证明了林徽因的漂亮。

不论是少女，还是老妇，众人眼中的林徽因是如此有魅力的一个女人。这无与伦比的魅力来源于她的精致，她对于美一丝不苟的态度。

她知道自己是美丽的，她更清楚如何将这份美丽发挥到极致，融入她的生命中，活出一个女人应有的三分柔情和七分精致。

生活对于女人而言，不仅仅是过日子，生存的希望中蕴含着更多可以触摸的美感。爱美的自由，是女人的特权，而活得精致体面，是女人终身的使命。

不为其他，只因为你是女人。

不要再犹豫了，开始迎接崭新的自己吧，对这个世界，对自己，不负春光。

活得自在，活得精致。女人就应该有女人特有的味道，才对得起女人这个身份。

内心丰沛着诗意

有些人看似活得热闹，呼朋唤友，把酒高歌，甚是开怀，当他从簇拥的热闹回到冷清的家中时，又是那么寂寞、忧郁，活脱脱是一个不被别人知道的孤独症患者。

"兴奋型的人"，这是林徽因口中的自己，她有着喜怒无常的性格，"只凭一时的灵感和神来之笔做事"，认真去了解她的过往，就不难发现，她的睿智和爽朗，还有容易被旁人忽略的丰沛内心和一身诗意。

由于林徽因的终身之志在古建筑研究，她将自己健康的时光全部用在与丈夫及同仁们的野外考察上了，加上身处兵荒马乱的年代，贫穷和疾病束缚着她的自由，生活也没有保障，因此她留下的作品寥寥无几。

她的峥嵘岁月，多是通过与她有过接触的人的口头和笔端见分晓，为人们津津乐道的也多是她生前与徐志摩、梁思成和金岳霖之间的感情故事，以及她作为"太太客厅"的女主人，吸引着无数顶级文人趋之若鹜。

在她的高级沙龙——太太客厅里，她是绝对的主角。她不仅善于调动宾客的情绪，也总能找到精妙的话题来供大家讨论，她以独有的爽朗和幽默，独到的见解和看法，征服了听众们的心。

她似乎有着天生的感染力和宽宏的感悟力，旁人难以理解的事情，说给她听，她总是能够面面俱到地理解，并自有一番精辟犀利的解释。

旁人只看到她被一拨又一拨的人簇拥着、围绕着、崇拜着、欣赏着、羡慕她众星捧月般的待遇，这一点尤其为女人们所嫉妒。

其实，她也有独享安静的一面，在那时，她内心的丰沛和一身的诗意就悄悄彰显了出来，与满室欢笑声不同，一个人的时候，多少带着些寂寥，但也给了她灵感升华的空间。

1931年，在春暖花开的季节，林徽因碍于愈发严重的肺结核，不得已移居到北平西郊的香山进行疗养。在徐志摩的鼓励下，她开始了自己的文学创作，她要将昔日脑海里一闪而过的每一个片段悉数倾泻于笔尖。

自此以后，诗歌、小说、散文和剧本，皆有涉及，虽为数不多，却都可称得上匠心之作。她在报刊上发表的关于文学的个人见解，简直惊呆了正牌的作家们，如此精辟独到的见解，很快就赢得了大家的钦佩，她的作品也开始受到广泛的关注。

萧乾这样评价她："她又写，又编，又评，我甚至觉得她是京派的灵魂。"

林徽因最早发表的作品是一首诗，名叫"谁爱这不息的变幻"：

谁爱这不息的变幻，她的行径？
催一阵急雨，抹一天云霞，月亮，
星光，日影，在在都是她的花样，
更不容峰峦与江海偷一刻安定。
骄傲的，她奉着那荒唐的使命：
看花放蕊树凋零，娇娃做了娘；
叫河流凝成冰雪，天地变了相；
都市喧哗，再寂成广漠的夜静！

119

虽说千万年在她掌握中操纵，

她不曾遗忘一丝毫发的卑微。

难怪她笑永恒是人们造的谎，

来抚慰恋爱的消失，死亡的痛。

但谁又能参透这幻化的轮回，

谁又大胆地爱过这伟大的变换？

香山，四月十二日

（原载1931年4月《诗刊》第2期）

读罢全诗不难发现，她并没有直抒胸臆，而是以日月星辰、山峦江海为意象，勾勒出一幅浩渺的图画，显示出她博大的胸襟和雄浑的气魄。

而一首《莲灯》则将她对于人生的认识升华，承认生命个体的渺小，却不放弃活出价值和精彩，这样的人生观折射出她的昂扬，与安于相夫教子，做家庭主妇的女人不同，她渴望在生的岁月里，留下自己的辉煌。

如果我的心是一朵莲花

正中擎出一支点亮的蜡

荧荧虽则单是那一剪光

我也要它骄傲的捧出辉煌

不怕它只是我个人的莲灯

照不见前后崎岖的人生——

浮沉它依附着人海的浪涛

明暗自成了它内心的秘奥

单是那光一闪花一朵——

像一叶轻舸驶出了江河——

宛转它漂随命运的波涌

等候那阵阵风向远处推送

算做一次过客在宇宙里

认识这玲珑的生从容的死

这飘忽的途程也就是个——

也就是个美丽美丽的梦

（原载1933年3月《新月》）

　　每首小诗字字斟酌，玲珑精致又别有一番意味，如一杯清茶，心中萦绕着那股悠然的香气，久久挥散不去。

　　《静坐》中短短几句，"冬有冬的来意/寒冷像花/花有花香/冬有回忆一把/一条枯枝影/青烟色的瘦细/在午后的窗前拖过一笔画"，着实耐人寻味，令人向往与作者共处一室，一道拥着冬天的"回忆一把"，感受寒冬。

　　《时间》中，寥寥数语，"人间的季候永远不断在转变/春时你留下多处残红/翩然辞别/本不想回来时同谁叹息秋天/现在连秋云黄叶又已失落去/辽远里/剩下灰色的长空一片/彻的寂寞/你忍听冷风独语"，略有感伤的基调，不知是冷风在独语，抑或是作者自己，细数着内心旁白，将自己看得透彻。

　　还有许多清新的短诗，教人读后印象深刻，在第一时间与作者产生心灵的共鸣，迫不及待地想要和作者谈一谈，似乎有一肚子的贴心话要与她交谈，似乎觉得只有她能够懂这些莫名其妙的思绪。

　　这些诗分别刊登在不同的报纸杂志上，1937年春天的《新诗》杂志刊登了林徽因准备出版一本自己诗集的消息，却因为她要赶赴野外考察，耽误了编辑的进程，等她考察归来时，抗战爆发，出版诗集的计划也就不了了之。

这是她生前唯一一次有出版诗集的机会，就这样生生错过了。在她去世30年后，《林徽因诗集》才出现在众人的眼前，算是了却了她的一个心愿，希望她在天有灵，能够感到欣慰。

文字是她抒发内心世界的工具，一字一句都带着她的灵气，有她鲜明的特色。以诗人身份示人的林徽因，是安静而朴实的，唯有静静地朗诵她的诗篇，才能聆听她的悠扬婉转。她的心灵花园，是那样五彩缤纷，有浪漫花开，也有绵绵细雨，不管选取哪个镜头，皆是风景。

除了小诗，林徽因也有小说的创作，1931年初夏，处女作《窘》发表在《新月》杂志上，用简洁流畅又生动细致的文笔，描写了一个知识分子的人生尴尬和无奈窘态。这虽是她的第一篇小说，却以极高的艺术成就证明了她的文学素养及才华。

随后，1933年，她又创作了小说《九十九度中》，朱自清评价其"确系佳作，其法新也"，起初林徽因还不肯立即发表，一年后才发表于《学文》杂志，这也是她一生之中最享誉盛名的作品。

随后创作的《钟绿》《吉公》《文珍》《绣绣》，都显示出京派小说的特色，以真实感人的现实人物为原型进行创作，大大增强了文章的感染力，蕴含着作者的理智。

林徽因是如此与众不同，纯正雅致的文字，轻快简洁的行文，带着林徽因式的隽永味道。

她以自己的笔描绘着她的心，她将鲜与外界吐露的忧愁和寂寞，悄无声息地落在纸上，写给自己看，与自己解闷儿、交流。

文字，是最能理解她的朋友，也是她最好的表达。

　　现代人除了应付学业或工作，几乎鲜有动笔的机会，也逐渐忘记了书写的快乐，宁愿呆坐着发愣无聊，也不愿意动手写点什么。

　　至于将文字拼凑成一幅风景画，简直是遥不可及的幻想。

　　试着在生活中添加一些诗情画意吧，不要总是干巴巴地过日子。内心是否丰沛，直接决定着一个人一生的走势，决定着能否为日复一日的生活带来一些新意。

　　不一定每个女人都要成为诗人，也不需要出口成章，只不过些许的灵动就可以让一成不变的生活出现亮点。

自由是阵风

长久以来，女人是男人的附属品。

所谓妇者，服也，服于家事，事人者也。

中国传统社会中，女人的角色被固定为"相夫教子"的"贤妻良母"。社会学家给出了根据，"由于生理和性情上的柔弱，指挥上的逊于男子和抚育子女是她的天然责任，以至于妇女理所应当地留守家中，以家务的处理为唯一天职"。

可见，男女性别角色的不同，并不是天性使然，是经过时间的推移演化，于自然中塑造了女性有别于男性，且处于被动的地位。

近代，男尊女卑的思想依然盛行，霸占着社会的主导地位，若是生为女儿身，似乎只有乖乖接受现实的安排，受父权社会的驱使，屈服于命运，安分守己地做家庭妇女。

当大部分女人都庸庸碌碌时，林徽因以时代新女性的姿态出现在了人们的视野里。

她是美人，却没有世俗之气；她是文人，却不屑于空洞乏味的文字；她更是建筑学家，却不限于埋头枯燥无味的课本，不管是穷乡僻壤还是石窟洞穴，都是她研究的好去处。

她是妻子，家务料理得井井有条，将生活经营得别致温馨；她是母亲，把孩子教育得聪明乖巧，为他们营造了良好的氛围；她是女儿，扛起母亲对她的依赖，尽力去弥补她缺爱的人生。

出则独立坚强，独当一面，入则贤惠温柔，勤俭持家。

父亲林长民是她的精神导师，向她讲述革命事迹，宣扬自由与平等的思想。年少时，她有幸跟随父亲漂洋过海去了欧洲，开启了为期不短的游历生活，所见所感，皆深刻影响了她，造就了她。

成年后远赴美国留学深造，为了心中的建筑梦而夯实基础，西方的教育理念引导着她构建新的自我，在这里，她看到了更为广阔的世界，感受到了崭新的活法。

受自由平等主义的感化，她树立起自由平等的人格觉悟，等待着羽翼丰满的一天，冲出家庭的樊笼，走向广阔的社会。

不得不说，是她的聪慧和她的际遇成就了她，从而树立起新的女性形象：伟大的人格、端庄的态度、正确的思想、充足的知识和丰富的经验。

她不再是困在笼子里的金丝雀，她可以是一只雄鹰，展翅高飞，搏击长空。她也无须依附于任何人，无须努力迎合任何人，更无须讨好取悦任何人。

相反，林徽因以自身的魅力吸引着络绎不绝的精英学者，来到她的客厅，一睹她的风采，时人称其为"太太的客厅"。

美国学者费慰梅对这座小院落曾做过这样的描述：

1930年秋天，梁思成把林徽因，他们的小女儿梁再冰和徽因的妈妈都搬到靠近东城墙的北总布胡同三号，一座典型的北京四合院里。这里将是梁家今后七年里的住房。在高墙里面是一座封闭但宽敞的庭院，里面有个美丽的垂花门，一株海棠，两株马缨花……梁氏夫妇把窗户下层糊的纸换成了玻璃，以使他们可以看见院子里的树木花草，并在北京寒冷的冬天放进一些温暖的阳光来。但在每一块玻璃上面都有一卷纸，晚上可以放下来，使室内和外面隔绝。在前面入口处有一个小院子，周围的房子是仆人们的住房和工作区。

这是林徽因一家人在北京的家，诚然是租来的暂居地，却收拾得一尘不染，非常有情调。

也是在这个并不大的小天地里，林徽因摆脱世俗的枷锁，自由自在地挥洒才情，结识了一群志同道合的朋友。

她不可多得的人格和学识魅力，吸引了一大批当时中国的文化精英，如名满天下的诗人徐志摩、在学界颇具声望的哲学家金岳霖、政治学家张奚若、哲学家邓叔存、经济学家陈岱孙、国际政治问题专家钱端升、物理学家周培源、社会学家陶孟和、考古学家李济、文化领袖胡适、美学家朱光潜、作家沈从文和萧乾，等等。

通常是星期六的下午，三两相伴或独自一人的学者们，穿过大街绕过小巷，陆续来到胡同深处的林家，随意找个座位，畅谈天下事。

风华绝代又才华横溢的林徽因，凭借其敏锐的思维，率性爽朗的性格，以及难得的亲和力开创了属于她的人际交往圈。

在这里，人们并非是为了应酬，而是纯粹兴趣所致。谈论的话题既有思想深度，又有社会广度，既有学术理论高度，又有强烈的现实针对性，可谓谈古论今，皆成学问。

随着时间的推移，它的影响力越来越大，成为20世纪30年代北平最有名的文化沙龙，备受瞩目和青睐，是知识分子特别是文学青年心驰神往的地方。

顾盼生辉的林徽因，的确是美丽的女人，这是众所周知的事实，与她相处，赏心悦目是一大享受，而更为人们所欣欣向往的是她渊博的知识，独特的思想，特别的个性和幽默的谈吐。

与其他女人不同的是，她没有虚伪做作的神情姿态，没有斤斤计较的小肚鸡肠，更不会卖弄风骚、哗众取宠，有的是落落大方，清新淡雅，与之交谈，畅快淋漓。

聚集于此的人，大多以男士为主，都算得上是北京城知识界的佼佼者，偶尔也会有女士前来，大多是陪着丈夫一起来的，只要不是小心眼，不会乱生妒意，都会成为主人的朋友，受到她热情的招待，融入到大家的谈话中去。

萧乾回忆说："她话讲得又多又快又兴奋。徽因总是滔滔不绝地讲着，总是她一个人在说，她不是在应酬客人，而是在宣讲，宣讲自己的思想和独特见解，那个女人敢于设堂开讲，这在中国还是头一遭，因此许多人或羡慕，或嫉妒，或看不惯，或窃窃私语。"

身在其中的费慰梅回忆说：

除了其他人以外，其中包括两位政治学家。张奚若是一个讲原则的人，直率而感人。钱端升是尖锐的中国政府分析家，对国际问题具有浓厚的兴趣。陈岱孙是一个高个子的、自尊而不苟言笑的经济学家。还有两位年长的教授，都在其各自的领域中取得了突破。在哈佛攻读人类学和考古学的李济，领导着中央研究院的殷墟发掘。社会学家陶孟和曾在伦敦留学，领导着影响很大的社会研究所。这些人都和建筑学家梁思成和老金自己一样，是一些立志要用科学的方法研究中国的过去和现在的现代化主义者。到了星期六，一些妻子们也会出席并参加到热烈的谈话中去。

……

徽因的朝南的充满阳光的起居室常常也像老金的星期六"家常聚会"那样挤满了人，而来的人们又是各式各样的。除了跑来跑去的孩子和仆人们外，还有各个不同年龄的亲戚。有几个当时在上大学的梁家侄女，爱把她们的同学们带到这个充满生气的家里来。她们在这里常常会遇见一些诗人和作家，他们是作为徽因已出版的作品的崇拜者而来的，常常由于有她在场的魅力而再来。这其中就有沈从文，还有后来的萧乾，等等。徐志摩的朋友、大家都叫他"老金"的哲学家金岳霖，实际上是梁家一个后加入的成员，就住在隔壁一座小房子里。

梁氏夫妇的起居室有一扇小门，经由"老金"的小院子通向他的房子。通过这扇门，他常常被找来参加梁氏夫妇的聚会。到星期六的下午老金在家里和老朋友们在一起的时候，流向就倒过来了。在这种时候，梁氏夫妇就穿过他的小院子，进入他的内室，和客人混在一起，这些人也都是他们的密友。

费正清回忆说："她是有创造才华的作家、诗人。是一个具有丰富的审美能力和广博的智力活动兴趣的妇女，而且她交际起来又洋溢着迷人的魅力。"

当一群人悉数散去，热闹消退在落幕的黄昏时，她的音容笑貌，观点见解，都在来客心中留下了生动的印象，让他们感慨不已，她的客厅叫人流连忘返，一有机会，就会继续欣然前往。

没有宾客往来的日子里，她的生活也依旧充实自在：

与丈夫一道翻山越岭，去外地考察，寻访古建筑的遗迹，整理草图，收集珍贵的第一手资料；或者诗兴大发，便铺一张稿纸，将零零碎碎的灵感，在纸上拼凑成精致的小诗；再或者，取一本陈旧的书籍，翻开泛黄的纸张，阅读一段书中的风景。

她积极支持丈夫的事业，专心照顾两个年幼的孩子，还有年老的母亲需要她的关心，然而，她并没有因为这些而放弃自己的理想和追求，没有因为社会的舆论而放弃自己的生活方式。

　　林徽因是属于她自己的，从心灵到身体完全自由的女人，也是勇于追求平等独立的女人。

　　当别的女人还没意识到自己正被传统思想所束缚时，林徽因已然跳脱出重重包围，挣脱了女人千百年来不变的命运，与顶尖的男人们谈时事，论时政，慷慨陈词，与男人们一起踏遍祖国的山山水水，爬上房梁认真钻研，笔耕不辍。

　　林徽因，是洒脱不羁的一阵风，理想是她的方向，自由是她的主张。她不相信命运，只相信自己。

　　女人，可以如林徽因一样，享有自由平等的生活，不为他人而生，只为自己而活。

坦诚打破心墙

物欲横流的时代，人们受钱财名利的驱使，在尔虞我诈中学会了勾心斗角，将真心藏着掖着，唯恐旁人知晓。于是，渐渐地、默默地丧失了直言不讳的能力。

为了圆满地隐瞒些什么，人们摆出虚假的表情和漫不经心的态度，说着言不由衷的话，甚至将谎言顺理成章地挂在嘴边，忘记了人与人之间，还需要坦诚。

女人的一生，可以平凡无奇，可以碌碌无为，却唯独不可以虚伪、狡诈。做不到完美无瑕，至少不伪装，不欺骗，至少坚强、坦荡。

夫妻之间，朋友之间，如果连真心话都没办法保证，又何谈亲密无间。内心没有阴影，一片亮堂的女人，才会将人生路越走越宽。

林徽因、梁思成、金岳霖，由一个"情"字牵引着，似乎是无法分割的一个整体。他们三人之间，有着超越爱情的感情，能够做到这一点，除了真挚的爱与友情，还有三人之间的毫无保留，绝对坦诚。

人高马大又十分潇洒的金岳霖，与林徽因、梁思成的相识，是由他们共同的好友徐志摩引见的。

林徽因的美国挚友费慰梅说："徽因和思成待他如上宾，一见了他们，志摩就迸发出机智和热情。他乐意把那些气味相投的朋友介绍给他们……无疑地，徐志摩此时对梁家最大和持久的贡献是引见了金岳霖——他最挚爱的友人之一，清华大学哲学系教授'老金'。"

身为湖南人的老金，比梁思成大6岁，比林徽因大9岁，在梁、林面前是名副其实的老大哥。金岳霖1914年毕业于清华学校，后留学美国、英国，又游学欧洲诸国近10年，学的专业由经济转入哲学，回国后主要执教于清华和北大。

张申府先生曾经提出，"在中国哲学界，以金岳霖先生为第一人"。 他是最早把现代逻辑系统地介绍到中国来的逻辑学家之一，并把西方哲学与中国哲学相结合，建立了独特的哲学体系。

身边若是有这样的名师大家，顶礼膜拜或许有些夸张，但钦佩之情却是毋庸置疑的。林徽因、梁思成也是各自领域的佼佼者，站在金字塔尖上的学者，聊起天来，自然是特别投缘。

从青年时代就开始接受欧美教育熏陶的金岳霖，生活也相当西化，干净利索的西装革履，一米八几的身高，可谓仪表堂堂，极富绅士风度。

比起他的经历和成就，最引人注目的一件事，是他恋着林徽因，而终生未娶。这不是爱情小说里的桥段，这是真实可感的故事。

1932年，金岳霖搬到北总布胡同3号"择林而居"（金岳霖语）。他晚年回忆说："他们住前院，大院；我住后院，小院。前后院都单门独户。"并坦承自己无法割舍梁家的客厅，"一离开梁家，就像丢了魂似的"。

作为梁家沙龙中座上常客的老金，对林徽因的人品才华赞羡至极，十分呵护；林徽因对老金同样十分钦佩敬爱，他们之间的心灵沟通可谓非同一般。

金岳霖的生活很讲究，他家的厨师做面包做得好，他每天早上就给林徽因家送过去，没事了就到梁家一起喝茶聊天。

随着时间的推移，彼此间的感情越来越深，特别在金与林之间，已到了心心相印，难舍难离，甚至到了干柴烈火不可收拾的程度。

许多年后，梁思成的第二任夫人林洙向他问起这段短暂恋情的始末：

我曾经问起过梁公，金岳霖为林徽因终生不娶的事。梁公笑了笑说："我们住在总布胡同的时候，老金就住在我们家后院，但另有旁门出入。可能是在1931年，我从宝坻调查回来，徽因见到我哭丧着脸说，她苦恼极了，因为她同时爱上了两个人，不知怎么办才好。她和我谈话时一点不像妻子对丈夫谈话，却像个小妹妹在请哥哥拿主意。听到这事我半天说不出话，一种无法形容的痛苦紧紧地抓住了我，我感到血液也凝固了，连呼吸都困难。

"但我感谢徽因，她没有把我当一个傻丈夫，她对我是坦白和信任的。我想了一夜该怎么办。我问自己，徽因到底和我幸福还是和老金一起幸福？我把自己、老金和徽因三个人反复放在天平上衡量。

"我觉得尽管自己在文学艺术各方面有一定的修养，但我缺少老金那哲学家的头脑，我认为自己不如老金，于是第二天，我把想了一夜的结论告诉徽因。我说她是自由的，如果她选择了老金，祝愿他们永远幸福。我们都哭了。

"当徽因把我的话告诉老金时，老金的回答是：'看来思成是真正爱你的，我不能去伤害一个真正爱你的人。我应该退出。'从那次谈话以后，我再没有和徽因谈过这件事。因为我知道老金是个说到做到的人。

"徽因也是个诚实的人。后来，事实也证明了这一点，我们三个人始终是好朋友。我自己在工作上遇到的难题也常去请教老金，甚至连我和徽因吵架也常要老金来'仲裁'，因为他总是那么理性，把我们因为情绪激动而搞糊涂的问题分析得一清二楚。"

三人之间，没有任何隐瞒与欺骗，将本来尴尬的问题摊开，以诚相待的彼此，为了让爱着的人更幸福，做出了最正确、最无悔的选择。

感情的品质如何，从这件事上可以看得一清二楚。事后三人心中全无芥蒂，金岳霖一直在她不远的地方，以最深沉的爱守护着她。他仍是"太太客厅"中的常客，却从未再让她为难。

原来，成全与退让也是爱的方式。

世间为情所困的人们，若能对彼此多一分坦诚，多一分体恤，也许故事的结局就会大不相同，那些难解难分的麻烦与愁绪，也就可以轻而易举地化解，不太可能会再生出烦恼。

女人对爱情有着极强的占有欲，能够享有两个人的宠爱是多么奢侈的事情。面对感情的困惑，女人喜欢自己一人苦苦纠结，总在担心他人得知自己阴暗的一面，唯恐坏了自己的大好形象。殊不知，就在她举棋不定、审时度势的时候，她已经辜负了别人的爱。

抗战胜利后，老金与梁家重返北平，三人在清华大学任教，又开始在忙碌的工作中共度快乐时光。

故事的结局，并不是人们预想中的那样，比如老金又与另一个姑娘结识，从此相伴一生，两对恋人各自安好之类的。

现实的版本是，金岳霖终生未娶，在她看得到和看不到的空间里，知道和不知道的时间里，倾尽他的全部，关心、守护着她。

命运多舛的林徽因于1955年4月1日去世，终年51岁。

悼唁仪式上，众多至交故友送来了花圈挽联以示哀悼，最醒目的当属金岳霖与邓以蛰联名献上的挽联："一身诗意千寻瀑，万古人间四月天"。

在他心中，她配得上一切美好。

金岳霖不是没有机会成为林徽因的伴侣，只是为了梁林这段美好姻缘，他选择做她一生的蓝颜知己，至死不渝。

老金对林徽因情深意切、一往情深，不多言不多语，始终以最高理智驾驭着感情，着实令人动容。对感情，不问前尘过往，不问今生以后，只为现在他所能够献给她的幸福。

迟暮之年的金岳霖，对她的评价，用简短的一句话概括："极赞欲何词。"

这是怎样的一片痴心啊！是她的坦诚相待，诉诸真心，保住了这段友情。不论对错，可以做到毫无保留，是一种境界。

每个人都有拥有秘密的权利，有些想法和心情，不愿透露给他人，宁愿烂在肚子里，独自消化。这很正常，秘密之所以为秘密，就在于它的私密性。然而，并不是所有事情都适合埋在心里，躲藏在见不得光的阴暗处。

人们对内心的真实想法闭口不谈，甚至口是心非，遮遮掩掩。说的次数多了，当我们自己也快信以为真了的时候，掩盖不住的愧疚往往就会不请自来，夜夜侵扰着心灵，提醒着不坦诚的人们。

不要昧着真心，将事实隐瞒。坦诚，是对他人负责任，也是对自己负责任。直率之人学不来对自己虚伪，对他人虚伪，就像是揣着微笑，暗地里却握着匕首。

敞开胸怀，吐纳真心。只有以真心才能换来真心。拥有坦诚之心，是林徽因的福分，是梁思成的福分，也是金岳霖的福分。

几十年过去了，许多东西在起变化，比如天气，比如饭量，比如人心。

可是，林徽因与梁思成清楚，不管怎么斗转星移、物是人非，他们依旧是彼此的臂膀，岁月带给他们不可避免的阵痛，也带给他们笃信的爱情和婚姻。

时间揭穿了谎言与虚伪，也见证了真情可贵。

做人就要坦坦荡荡，若是没有什么不可告人的秘密，就大大方方地将自己的真情实感一吐为快吧，试着对他人坦诚吧，去收获我们的福分。

真爱是无我

　　两情相悦又可以白头偕老的爱情，是女人心中绮丽的梦。甜蜜又安稳，是女人对爱情的憧憬，沉浸其中，不能自拔。

　　也许女人就是为爱而生的吧，爱情和婚姻占据着人生的主导地位。寻得一份真爱，觅得一段良缘，携手走过彼此的朝朝暮暮，是女人从小到大的心愿。

　　不能将心比心的爱情是无法长久的，想要永恒就需要坦诚，谁不渴望被疼爱，谁不愿被捧在手掌心，集万千宠爱于一身？然而，爱情除了享受，还有付出。

　　女人皆艳羡林徽因，她无与伦比的才情和风华令多少世人倾倒，追随着她，仰望着她。浪漫诗人徐志摩对她的迷恋至死方休，哲学大家金岳霖终身不娶"只待徽因"。

　　也许这对于普通女人来说，太过于缥缈，她与梁思成实实在在的婚姻，才是女人梦寐以求的人生，那是从平淡生活里渗透出来的浓情蜜意。

　　林徽因与梁思成尚在宾大求学时，学校要求每位学生自己设计作品，梁思成的第一件作品就是给林徽因设计了一面仿古铜镜。

　　那是用一个现代的圆玻璃镜面，镶嵌在仿古铜镜里合成的。铜镜正中刻着两个飞天浮雕，飞天的外围是一圈卷草花纹，花纹与飞天组合成完美的圆形图案，图案中间刻着：徽因自鉴之用，思成自镌并铸喻其晶莹不珏也。

　　纯手工精心打造的物件带着他对她的一片情深。恋爱时的点滴，都是那么晶莹剔透，令人着迷。世间最能滋润女人的不是别的，正是爱情，受宠的女人有着格外柔软舒心的笑容。

　　爱情有甜就有苦，浓重的苦滋味也不全是坏事，愈是举步维艰的时候，愈是考验爱情。

　　积劳成疾的林徽因，早早惹上了肺病，加上没有进行及时的修养调理，演变成了肺结核，这在当时没有治愈的可能。看着瘦骨嶙峋的妻子，梁思成也满脸憔悴。

　　如果世间的苦痛可以转移，那么他宁愿代替她躺在病床上，忍受着煎熬。

　　凡人为七情六欲所喜，也为其所扰。林徽因也是凡人，大病在身，疼痛难忍，脾气愈发暴躁，似乎看什么都不顺眼。这个时候，最亲近的丈夫便成了出气筒。

　　她不是有意去刁难梁思成，也不是没事找事，只是脾气说来就来，根本不受控制。面对妻子毫无征兆的脾气，梁思成只有默默低头的份儿。

　　她在吵、在闹，他在忍、在让，曾经的温馨不见了，取而代之的是不顺心、不如意。可即便是这样，没有人说要放弃彼此，没人打算用逃离的方式挣脱总是阴郁的心情。

　　在艰苦的条件下，肺病反复发作的林徽因，经常连续几周高烧不退，梁思成远途奔波去将医生请来为她诊治，久而久之，他竟也学会了打针。

　　日子拮据到无钱无粮的时候，梁思成只得硬着头皮去典卖衣物，他自是看不惯账房先生嘲弄的目光，却又不得不一而再再而三地忍耐。

为了凑足妻子昂贵的医药费，他忍痛割爱，将日夜伴随他20年的金笔和手表拿去典当，这些都是他心爱的东西，可与妻子比起来，又显得那么微不足道。

他爱她，毋庸置疑。因为爱，他永远是她的支持和守护者。他甘愿将锋芒收敛，让她的光芒绽放，还会在一旁为她鼓掌，为她骄傲。

"太太的客厅"里每每都是林徽因高谈阔论，梁思成和金岳霖坐在沙发上聚精会神地听着，沈从文托着下巴，不住地点头赞赏。

说到兴致高昂的林徽因，忽然停下来，看向默不作声的来客，不好意思地说："我是不是说得太多了。"

梁思成笑了，满脸宠爱地看着她，打趣道："你一讲起来，谁还能插得上嘴？"

在座的各位都笑起来，林徽因笑得最爽朗："我们家是妇唱夫随嘛，插不上嘴，就请为客人倒茶吧！"

笑声满堂的时光总是过于短暂，当林徽因的肺病进入晚期时，梁思成仍在国外。接到妻子病重的消息后，他匆匆结束了讲学，提前回国，回到妻子身边。

结核已经转移到肾脏，她一直发着低烧，她在病中煎熬着，挣扎着。刚刚回国的梁思成，顾不上旅途劳顿，又担起了护士的角色，除了必要的讲演外，他尽可能地陪伴在林徽因身边。

中国人讲究以小见大，这些细碎的小事足以证明梁思成对林徽因最真挚的爱。讲到这里，女人们对林徽因的羡慕、嫉妒恐怕又要开始泛滥了：

苦苦追问苍天，为什么自己遇不到这样的如意郎君，为什么桃花朵朵却都是烂桃花？难道是生不逢时，还是因为生得不如林徽因美丽动人？

如果这样去想，令人生羡的爱情永远不会降临在你的头上。理想的爱情没有如期到来，何不先好好自我反省一下。

爱是相互的，不是一个人自编自导自演的戏剧。梁思成爱林徽因，林徽因又何尝不是全身心地爱着梁思成呢。

中国营造学社西南小分队在昆明恢复工作以后，林徽因放下手头的工作，抽出大把的时间和精力来操持家务。她是专注于事业的人，并不喜欢被家务活所打扰，在她看来，这是在浪费大好的时光。

可爱情就是这样，走进婚姻之后，女人理应承担起部分家务，为爱的人营造一个良好的生活环境。

林徽因曾经给沈从文写信说："我是女人，当然立刻变成纯净的糟糠。"

不喜欢归不喜欢，林徽因做起家事来却有模有样，正如她对事业专注，无可挑剔。既然因为相爱走入婚姻的殿堂，生活从一个人变成了两个人，就不能完全由着自己的性子。适当的让步，也是有必要的。

林徽因是梁家的长嫂，是林家的长姐，与两家的亲戚时常会有来往，想要把来客的衣食住行安排好，自然是要费一番工夫的。据说她画过一张床铺图，共计安排了17张床铺，每张床铺都标了姓名。

她用自己的专业知识将棘手的家庭琐事圆满地解决掉了，免去了梁思成的后顾之忧，这样知书达理又贤惠温柔的妻子，叫他如何不爱。

她对家庭的付出，丝毫不逊于丈夫。她是被宠爱的那个，同时，她也勇敢地肩负起了生活的担子，爱着他，为他操劳。

在生活上，她是他的贤内助，精心打理着两个人的生活；在工作上，她则是他的左膀右臂，燃烧着自己，为他助力。

当林徽因的病情稍有好转时，她便躺在小小的帆布床上，为丈夫写作《中国建筑史》做准备。她提起精神，支撑起病弱的身体，将资料分门别类，认真地做好读书笔记，以便他日后查阅。

当医生宣布她患有绝症后，本该悉心静养的她却不顾自己的身体状况，收拾行囊陪伴丈夫在穷乡僻壤间奔波劳累，根据地方县志的记载去寻访早已被人们遗忘了的荒寺古庙。

她不怕自己病情的恶化，不惧死亡，她唯一担心的是没有她的陪伴，丈夫的考察工作会有所耽搁。

这样的女子，叫人如何不爱她。

林徽因生命的最后一段旅程，梁思成也因肺结核住进了医院，病房就在她的隔壁。昔日曾一起翻山越岭的两个人，如今静静地躺在各自的病房里，不免叫人看着心酸。

大山大水都未曾将他二人阻绝，现在的一道墙壁，却隔开了千山万水。

梁思成还没有住院的时候，还可以常常来医院探望妻子，现在也住进了医院，即使是隔壁，不到数米的距离，却成了难以逾越的鸿沟。

他们每天只能靠着送药的护士传一张薄薄的纸条，将对彼此的关心落在纸上，传递给彼此。

梁思成在建筑史上的成就，也有林徽因的一半功劳。他坦然地承认："我不能不感谢徽因，她以伟大的自我牺牲来支持我。"

一次激烈的争吵过后，痛哭了24个小时的林徽因，对沈从文说："在夫妇之间为着相爱纠纷自然痛苦，不过那种痛苦也是夹着极端丰富的幸福在内的。"她认为夫妻争吵，是因为彼此在乎，"冷漠不关心的夫妇结合才是真正的悲剧"。

消灭怒气的最好武器，是爱。

她与他都深谙这个道理，几十年风风雨雨，都在彼此的眼眸里。

爱情是两个人心甘情愿地守护，上天赐了姻缘，能否相伴到老，能否幸福愉快，就要看各自的造化了。

多少人艳羡她的好福气，能有这样体贴的丈夫相伴左右、不离不弃。殊不知，福气是靠个人修来的，不是从天而降的。女人幻想幸福没有错，错就错在只懂得坐享其成，却忘了爱情同样需要付出，才会有回报。

想要被人爱，首先要让自己值得被人爱。一味只顾自己，自私又任性的女人，一定得不到他人的贴心守护，也一定不会懂得真爱是无我的乐趣。

▲ 1935年，金岳霖、梁再冰、林徽因、费慰梅、费正清在一起

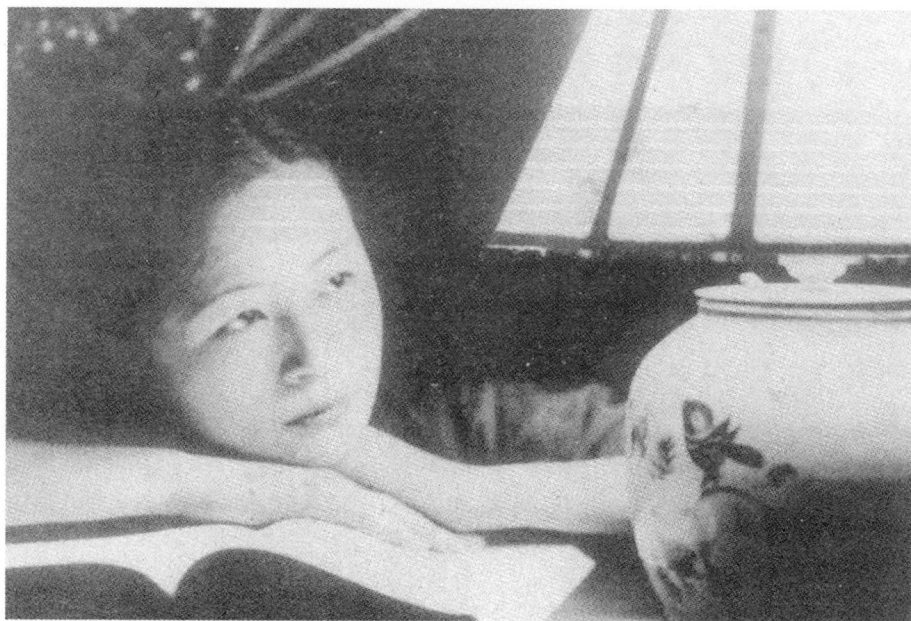

▲ 1936年，林徽因于北平家中

Lesson 5

不忘初心，方得始终
——做一个独立的女子

◄ 林徽因与梁思成陪同泰戈尔

1920年，林徽因于伦敦 ►

用自己的骄傲捧出辉煌

女人，可以变幻出多种面孔，可以是温柔如水的窈窕淑女，也可以是风华绝代的潇洒女王。这完全取决于她对自身的定位，在不同场合、时间，用或清纯或妩媚的笑容，迷倒众生。

自古以来，对女人的最高期望便是上得厅堂、下得厨房，似乎能够满足这二者的女人，便是天底下最完美的女人。温文尔雅又周到体面地照顾亲朋宾客，做得几个好菜，满桌的佳肴珍馐，便给了丈夫极大的满足感。

这样的女人，是一个男人穷尽一生愿意爱护、守护的妻子。然而，女人对自己的期望又是怎样的呢？

每个人对自己的角色都会有不同的设定，然而其中共通的一点，是在有生之年，能够拥有属于自己的骄傲。

在年老色衰，青春不再的时候，回忆起那些荡气回肠的画面，足以温润不再美丽的脸庞。

国徽，是一个国家的代表，一个民族的象征。中华人民共和国国徽代表着共和国的尊严，凝结着众多设计者的心血，饱含着每一个中国人对伟大的社会主义祖国的热爱与自豪。

中华人民共和国的国徽中间是五星照耀下的天安门，周围是谷穗和齿轮。麦稻穗、五星、天安门、齿轮为金色，圆环内的底子及垂绥为红色，金、红两种颜色在中国是象征吉祥喜庆的传统色彩。

天安门象征中国人民反帝反封建的永不屈服的民族精神；齿轮和麦稻穗象征工人阶级与农民阶级；五颗星代表中国共产党领导下的人民站起来了！

这颇有中国特色又兼具美感的国徽，林徽因有幸参与了它的设计工作。一点点构思，一点点设计，倾尽心力，无一不渗透着她对祖国的热爱，同时，也借由这次难得的机会，施展她杰出的才华。

1949年7月10日，在中华人民共和国成立的前夕，新政治协商会议筹委会在《人民日报》等各大报刊，刊登了公开征求国旗、国徽图案及国歌词谱的启示。

林徽因和丈夫梁思成领导了清华大学国徽设计组的工作，同时，梁思成还担任了国旗、国徽评选委员会的顾问工作。

对新中国的热爱，激发了人民群众的智慧。征稿结束时，累计收到来自全国各地，包括海外侨胞所设计的900多件图案。遗憾的是，尽管为数众多，却都未能被选用。政协筹委会最后决定，将设计国徽的重任交给清华大学和中央美院。

连续几夜未曾熄灭的灯光，陪伴着清华大学营建系国徽小组的成员们，灯光都倦了，他们却依旧没停下手中的工作。

林徽因和她的助手李宗津、莫宗江、汪国瑜等人，围在一张桌子旁，热烈地讨论着，每个细节都不肯草率地放过。桌子上、墙壁上，布满了他们画出来的草图。

梁思成带回了从上千件应征作品中遴选出来的图案，给林徽因他们作为资料以供参考。可以看出有一部分作品，明显是仿照外国国徽设计的，五颜六色，很不庄重。甚至，有些图案更像是商标。

为了明确国徽和商标的区别，林徽因一再强调："国徽是一个国家的标志，它体现一个民族的历史，一个国家的意志，一个政党的主张。中国的国徽要有中国的特征，政权的特征，形式也要庄严富丽，应该表现中国人民的自豪感。商标只是商品的标志，它只具有商品注册的意义，这是两个完全不同的概念。"

她找来一些国家的国徽，细心地给大家分析、讲解：

有些国徽设计很奇特，上面写着激励人意志的格言，如比利时是"团结就是力量"；尼日利亚是"团结和信心"；尼泊尔是"祖国比天堂还宝贵"。

有些国徽则着重表现本国的自然资源和独特物产，如澳大利亚的国徽，左边是一只袋鼠，右边是一只鸸鹋；孟加拉的国徽，是数片黄麻叶子图案，因为这个国家盛产黄麻。

她还找来一些古代的铜镜、玉环、玉璧等工艺美术品，作为参考资料，希望能从中获得些许创作灵感。

渊博的知识与专业的素养，在此刻体现得淋漓尽致。这是她的舞台，可以无拘无束地挥洒汗水，施展才情；这是她的机会，用实力去证明"才女"的称谓并非浪得虚名。

那些废寝忘食研究过的资料文献，那些通过留学所收获的知识见闻，那些走过的崎岖坎坷的山间小路，实地考察过的大小建筑，在这一刻，将力量汇聚在一起，帮助她完成了这次神圣的使命。

林徽因是女性的杰出代表，她向现代的女性传达了一个精神。事业有成不是男人的专有权利，身为女人也可以凭借自身的能力创造出一份事业，正如她所做的，拼尽全力，为了祖国，为了自己。

正如何向阳在《怀念林徽因》书中写道："看上去弱不禁风的女子，但是爬梁上柱，凡是男子能上去的地方，她就准能上得去。"

她才不会因为自己是个女人，就放弃奋斗的机会。

设计过程中，梁思成传达了国徽审查小组要求在国徽图案中加入天安门图像的意见。林徽因十分赞同这个构想，立刻派人着手去准备天安门的透视图。

林徽因说："在国徽图案中采用天安门立面图，可以使比例尺寸严格正确，同时在视觉上可以让人感到天安门广场的广阔深远。"她还建议："把两个华表向左右方向拉开距离，这样有整体上的开阔感，构图也比较稳定。"

在颜色上，林徽因凭着她卓越超群的鉴赏力，始终主张应该放弃多色彩的图案结构，采用中国人民千百年来传统喜爱的金红两色，这是中国自古以来象征吉庆的颜色，用于国徽的基本色，不仅富丽堂皇，而且醒目大方，可以完美地呈现出民族特色。

经过3个多月的昼夜奋战，一个定型的国徽图案诞生了。然而在最终评定的前一天，既兴奋又紧张的林徽因病倒了，无法亲自参加评选会议，只得待在家里，焦急地等待着结果。

不负众望的是，大家对清华的方案给予了高度的肯定。张奚若认为："清华的方案好，有民族特色，既富丽又大方，布局严谨、构图庄重，完全符合政协征求图案的三条要求。"

周总理认真审视之后，提了些小小的建议："稻穗向上挺拔，可以表现时代的精神风貌嘛，从造型上也更为美观。"

第二天，勉强支撑起身的林徽因和梁思成立即组织国徽小组研究讨论周总理的指示。大家的热情空前高涨，仿佛看到了胜利的曙光。只用了两三天的时间，就完成了修改任务，重新画了大幅国徽图案。

在图纸上，林徽因用红纸剪了"国徽"两个字，图的下方写了"国徽图案说明"：国徽的内容为国旗、天安门、齿轮和麦稻穗，象征中国人民自五四运动、新民主主义革命斗争和工人阶级领导的以工农联盟为基础的人民民主专政的新中国的诞生。

1950年6月23日，全国政协一届二次会议召开，林徽因被特邀参加了这次会议。

会上，在毛主席提议下，全体代表起立，以鼓掌的方式通过了由梁思成、林徽因主持并设计的国徽图案。

大厅里掌声雷动，久久不能平息。林徽因激动得热泪盈眶，这是与小组成员们多少个日夜奋战的成果啊！

1950年9月20日，毛泽东主席发出了公布国徽图案的命令：中国人民政治协商会议第一届全国委员会第二次会议提出的中华人民共和国国徽图案及对该图案的说明，业经中央人民政府第八次会议通过，特公布之。此令。

这一天，林徽因被任命为北京市都市计划委员会委员兼工程师。

这一切，是对她的赞赏和认可，这是她耗尽力气斩获的荣光。

开国后的第二个国庆日，林徽因拖着病弱的身体，在梁思成的陪同下，来到天安门金水桥头。她仰望着天安门城楼上悬挂着的国徽，任由欢喜的泪珠亲吻脸颊。

此时此刻，此情此景，她忘记了病痛，忘记了无数个不眠不休的白天和黑夜，这一刻她仿佛拥有了全世界的骄傲与自豪。

林徽因在1932年写下了一首短诗，名为《莲灯》，全诗简洁凝练，铿锵有力地表达了她对生命的态度："如果我的心是一朵莲花，正中擎出一支点亮的蜡，荧荧虽则单是那一剪光，我也要它骄傲的捧出辉煌。"

在百废待兴的时代，古老的中国正在脱胎换骨，她为旧时代和新时代的女性树立起一面旗帜，女人同样可以做到顶天立地，可以拥有属于自己的辉煌。

毫不犹豫地燃耗着自己的生命，只为让人生开一树繁花似锦，达到美的极致。她并不强健的身体里，总能迸发出无尽的光芒。

女人们，别躲在家庭的温室里，大胆地站出来，感受一下风雨，向世界挥挥手，为自己去争得一份骄傲，一份辉煌。

工作的女人是美丽的

女人有千姿百态、万种风情。

无论坐着、站着或是走着，动静之间，百媚丛生。举手投足间，回眸一笑时，透着的柔情和娇羞，让人着了迷，上了心。

工作中的女人，那份独有的专注与执着，则是另一番美景。认真的眼眸里，闪烁着迷人的光彩，思考时的神情，有着不可抗拒的魅力，直抵人心。

工作中的女人，平添了一股醉人的气息。不卑不亢，与围着丈夫、孩子打转的那个她截然不同，没有邋遢随意的居家服和蓬头垢面，取而代之的是光鲜靓丽的职业装和顾盼生辉的精致妆容。

她自成一个世界，步伐坚定地前行，主宰着日月星辰，支配着天地轮回。不为厨房的烟火所扰，不为生活的琐碎所困，此时的她，是自由的、灵动的。

在东北大学担任美学和建筑设计课教师的林徽因，打破了往常生硬枯燥的上课模式，经常带着学生们去昭陵和沈阳故宫上课，以天地做课堂，以现存的古建筑做教具，将建筑与美的关系娓娓道来，学生们听得如痴如醉。

林老师知识渊博，言语犀利，加上性格爽快又幽默，赢得了学生们由衷的喜爱。她讲课的方式也颇具特色，既深入浅出，又简明扼要，清楚的脉络，循循善诱，不放过任何一个小细节，带领学生畅游建筑的乐园。每一节课，都是与建筑深入地接触，一砖一瓦的古典气息扑面而来，是一场与美的聚会。

时光在指尖、身边悄悄溜走，当年那位妙语连珠又美丽大方的林老师，始终定格在学生们的心中，成为磨灭不掉、永不褪色的风景。

1929年夏天，宾夕法尼亚大学的同学陈植、童隽和蔡方荫，应梁思成和林徽因的邀请，来到东大建筑系任教。许久未见的老同学难得聚到一起，便抓住每次相聚的机会，每逢周末便一起凑到梁家，吃茶聊天，好不快活。

一群志同道合的老同学，白手创建了营造学社，从事古代建筑实例的调查、研究和测绘，以及文献资料搜集、整理和研究的工作，朱启钤任社长，梁思成、刘敦桢分别担任法式、文献组的主任，林徽因没有任何头衔，却是一员大将。

在工作上的自主权，给女人创造出了适合自己的舞台，她默默地耕耘着那一亩三分地，劳累，却也会收获，自己打拼所获得的成就感，不是其他人随便可以给予的。

或轻松或紧张的工作节奏，令女人舞动出自己的步调，冷暖自知、郑重自持。是优雅高贵的天鹅，是辛勤朴实的蜜蜂，是万物灵长中名为"女人"的动物。

在香山通八大处马路的西边，附近有一座袖珍般的寺院，名为法海寺。寺院建在山坡之上，寺门却在一里多远的山坡下面，来往的行人，很容易忽视这座隐藏在山谷碎石堆里的小建筑。

它不会叫住偶然经过的路人，不会邀请客人去它那里做客，只能默默地等待有缘人来靠近它，了解它的故事。

据记载，这座寺院建于明正统四年，为御用太监李童集资兴建。历经多次修缮，仍然具有明代早期的建筑特点。

有一双慧眼的林徽因，在意料之外发现了这三座小龛，虽算不上是真正的建筑遗物，却与建筑息息相关，浓浓的 "建筑意"仿若一幅画，一首诗，它静静地伫立在历史的一角，不问世俗，沐浴着雨露。

林徽因拿出画板，仔细观察后，开始动笔画起了素描，完成后，将那件蓝色上衣随意地披在肩上，让梁思成为她拍照留念。相机一闪，那俏皮的微笑便被永久地记录了下来。

岁月会老去，容颜会更改，历史却会一直铭记这位卓越的建筑学家的风采。她为中国的建筑事业做出了非凡的贡献，在某些方面奠定了未来的研究基调，也是在这奉献着青春的同时，珍贵的劳动成果体现着她的价值，展现着她由内而外的美。

美丽有多重定义，广义的、狭义的。全神贯注于工作的女人，有着强大的气场，与柔弱扯不上半点关系，这样的女人，谁还会舍得将她困在家中，只做一个普普通通的家庭主妇呢？

放她飞翔，她可以有更广阔的天空自由翱翔，可以活出更为充实洒脱的自我。

1936年的初夏，天气还没开始燥人，林徽因与梁思成、刘敦桢、陈明达、赵正之5人组成考察队，准备对龙门石窟进行一次全面细致的考察。5个人分工明确，刘敦桢负责洞窟编号及记录建筑特征，林徽因考察佛像雕饰，梁思成、陈明达负责摄影，赵正之抄铭刻年代。

攀援的石径崎岖坎坷，又布满湿滑的青苔，每走一步都要万分小心，以免不小心摔了跟头。短短的山路，步履维艰，刚刚爬到一半，5个成年人就已经是大汗淋漓，精疲力竭了。

既然选择来这里考察，自然是打起十二分的精神，斗志昂扬、踌躇满志的林徽因，比起伏在案头写诗作画的林徽因，多了几分坚忍与沉稳。

进洞考察的时候，埋伏在洞穴里的蝙蝠横冲直撞，幸好来时准备了一把遮阳用的桐油布和紫竹柄湖州雨伞。为了抵挡乱飞的蝙蝠以及那不时落下来的粪便，她在头上扎了一块羊肚子毛巾，像极了赶路的农妇。陈明达、赵正之两个学生平日哪曾见过师母这身打扮，不由得大吃一惊，开玩笑说，她像极了一个地道的河南小媳妇。

为了工作，牺牲一下端庄典雅的形象，也是值得的。更何况，哪怕是这身农妇打扮，林徽因也一定是最美的农妇，最俏皮的河南小媳妇，她有这份自信，旁人也有这样的感受。

此时的林徽因，早已忘却了恶劣的环境和辛苦了一天的身体，深深地迷上了这座大洞窟。

据记载："这座洞窟完全利用天然石洞修凿而成，窟平面近似马蹄形，主佛两壁是排列有序的开凿的佛龛，在两个佛龛之间及上方又加凿无数小龛，佛像近千座，整个窟内壁面琳琅满目，富丽堂皇。"

没有半分迟疑，她把画板架在膝盖上，认真地临摹着，用精湛的画技勾勒出洞窟优美的线条，最大程度地将洞窟的原貌在纸上呈现出来，这是她得心应手的工作，而且对此她也乐此不疲。

一首写于1500多年前的诗，令林徽因忍不住默默诵读，她静静地站在那里，思绪一下子飘浮起来，跟同行的同事探讨起雕塑风格来。

她不紧不慢地说："我觉得龙门石窟造像所体现出的这种艺术风格，和北魏孝文帝所推行的汉化改革的政治主张有关，北魏迁都洛阳后，中原汉族'褒衣博带'式服饰，风行北方，南朝的思想和艺术传入北方，给佛教艺术的发展造成了新的条件，你看这些佛像所表现的'秀骨清像'式的瘦削形体，衣带宽大的'褒衣博带'式的服饰，雍容安详，表情温和，潇洒飘逸，完全代替了北魏前期面相丰圆、肢体肥壮、神态温静的风格，这种造像艺术风格和服饰的变化，显然是孝文帝实行汉化政策、借鉴东晋南朝和中原汉文化的结果。"

还未等她说完，刘敦桢击掌赞叹："精彩！精彩！北魏造像艺术的后期变革，算让你讲活了，因为有对云冈石窟的研究，你才有这样精辟的见解，这次考察回去，你一定要好好写篇论文。"

如果将家庭比作一个小世界，那么工作，就是一个大世界。安稳无忧的小世界给了女人成为贤妻良母的机会，而五彩缤纷的大世界，则给了女人工作的激情，为她的人生注入了鲜活的生命力。

她一直在路上，在奔波，在工作，在创造。

智慧的光在不停地闪现，精妙绝伦的思维力也在编织着非凡的人生。

她用自己的学识和眼界，透过冥顽不化的石头，看出充满生机的建筑意，领悟到建筑无声胜有声的真谛，她在荒野中亲近着每一块石头，感受着千百年前的沧桑巨变。

正如同在考察的过程中，她感悟到了残缺或完整，宽博或窄狭的美一样，她也在工作中达到了另一种完美。这种完美，来源于对工作的热爱，对建筑的热爱，即使风餐露宿、风吹日晒，也甘之如饴。

工作带来的成就感和满足感，是一个女人不可或缺的精神体验。

翩翩起舞的女人，是美丽的，惹得人愿意张开胸怀去包容她、保护她。专心于工作的女人，也是美丽的，惹得人愿意与她携手并肩，走向未来。

工作之余，不妨照照镜子，好好欣赏一下工作中的自己。那双陷入沉思的眸子，有多么动人，你一定没有想到。

小女人的狡黠与幽默，大女人的沉稳与干练，在工作中尽显无疑。携着这份对工作的热爱，用心灵去补充，去领悟，在下一站，遇见更美丽的自己。届时，你会感叹岁月的从容，人生的内敛。

因为工作，你会又多了一张迷人的面孔。

奋斗，是对自己的忠诚

每个女人，在成为妻子、母亲之前，她是属于自己的，是独立的社会人。她的存在不该被家庭束缚，不该被柴米油盐牵绊，女人应为自己而活，为自己在这个世界争得一席之地。

奋斗，不是为了在弱肉强食、优胜劣汰的大世界拼个你死我活，斗个头破血流，而是尽自己所能，在有去无回的光阴里，奋斗出值得眷恋的过往。

女人这一生，无非是用自己的全部去赌未来，最后将人生的好坏看开。唯有不断地奋斗，才能站在人生的制高点上，增加生命的广度与高度。

多少女人在生育之后，放弃了原本喜欢的工作，在家做起了全职太太，每一天都在重复昨天的生活，慢慢地，她忘记了为理想打拼的滋味。

同样是女人，同样是母亲，林徽因在生下儿子梁从诫后，身体稍微好转，便力争要与梁思成同行外出考察。

在别人安享生活的五六年里，林徽因的奋斗之路却一直没有停歇。她一步一个脚印地走遍了六七个省份，为了获得更多的第一手资料，即使长途跋涉也在所不辞。

据记载，她曾到过"西北地区距甘肃不远的耀县，东南到了临近福建的宣平。北京八大处，山西大同的华严寺、善化寺及云冈石窟，太原、文水、汾阳、孝义、介休、灵石、霍县、赵县的四十多座寺庙殿阁，河北的正定隆兴寺，苏州的三清殿、云岩寺塔，杭州的六和塔，金华的天宁寺，宣平的延福寺；开封的繁塔、铁塔、龙亭，山东有十一个县，包括历城神通寺和泰安岱庙，以及西安的旧布政司署，陕西的药王庙"。

旅途漫长且艰辛，她却从未叫过苦、喊过累，为了心中的理想，一切辛劳都是值得的。

梁思成在《清式营造则例》的序言中特别说明："内子林徽音在本书上为我分担的工作，除'绪论'外，自开始至脱稿以后数次的增修删改，在照片之摄制及选择，图版之分配上，我实指不出彼此分工区域，最后更精心校读增削。所以至少说她便是这书一半的著者才对。"

这是身为丈夫，也是作为同事的梁思成，对林徽因所有付出的肯定。

卞之琳也曾慨言："她天生是诗人气质、酷爱戏剧，也专学过舞台设计，却是她的丈夫建筑学和中国建筑史名家梁思成的同行，表面上不过主要是后者的得力协作者，实际却是他灵感的源泉。"

考察途中，最为辉煌的一次当属他们在北方的最后一次考察，即五台山木结构佛光寺的发现。

1937年的初夏，林徽因、梁思成与学社同仁一道向五台山进发。山路崎岖难行，唯一的交通工具是驮骡，在狭窄的小路上，只好小心翼翼地慢慢向前走。直到后来，一向吃苦耐劳的骡子也不肯继续前行时，大家只得牵着它们徒步前行。

就这样步履蹒跚、走走停停了两天后，竟在黄昏中望见了宛若唐朝风格的殿宇。前一刻还精疲力竭的他们，顿时来了精神，拖着疲惫的身体急忙走近求证。

林徽因不顾危险，大着胆子爬上高悬的大殿脊檩寻找可能的文字依据，以确认建造的年代。

"上面一片漆黑，打亮手电，只见檩条盖满了千百只蝙蝠，竟祛之不散。不意间照相时镁光灯闪亮惊飞了蝙蝠，没想到底下还挤满了密密麻麻的臭虫"，可见条件是多么的艰辛。

就这样不停地爬上爬下，不断地搜索，林徽因终于在两丈高的大梁底部看到了隐约的一行字："女弟子宁公遇"。

由于其他字迹还是看不清楚，大家又用了两天的时间，七手八脚地搭了个支架，洗去梁上的浮土，这才看清楚了一些。林徽因第一个上去，用了3天才读全梁上的题字。

宁公遇就是捐资建造佛殿的女施主，大殿建于唐朝大中十一年，即公元857年。它是中国现存最早的木结构建筑。

日本人曾扬言，要看这样的建筑只有去他们的奈良城。如今，林徽因和同事们一起，打破了日本人的狂妄。

享福或吃苦，多数人都会毫不犹豫地选择前者，可以衣食无忧地过活，为什么要去过艰苦的日子？林徽因用自己的行动做出了回答，这条蜿蜒坎坷的路走起来异常艰难，却是她无悔的选择。因为这关乎她的理想与抱负，再多的苦也是乐。

勇往直前是她坚守的信念，自她选择以建筑为终身职志的那天起，她便已下定决心要坚持一辈子，生命不止步，奋斗就不会停歇。

这是女人欠缺的坚韧，稍有阻碍就动起撤退放弃的念头。对自己不自信，对未来不自信，宁可平凡地憧憬，不肯辛苦地争取。

在交通不发达的当年，除了靠骡子，就只能靠脚力。目的地又在偏远的深山荒野中，走起来颠簸坎坷，赶上阴天下雨，路上更是泥泞难行。

除了辛苦的双腿双脚，还有经常饥肠辘辘的肚子。穷乡僻壤，粗茶淡饭都是奢望，更别提想寻得精细点的饭菜了，实属痴人说梦。

累一点，苦一点，还能咬着牙扛一扛，可时刻存在着的生命危险，不得不让人胆战心惊。不知什么时候就会出现的土匪，不知什么时候就会坍塌的古寺，时刻威胁着林徽因的生命安全。

梁思成有记述："今天工作将完时，忽然来了一阵'不测的风云'，在天晴日美的下午五时前后，狂风暴雨，雷电交作。我们正在最上层梁架上，不由得不感到自身的危险。不单是在二百八十多尺高将近千年的木架上，而且近在塔顶铁质相轮之下，电母风伯不见得会讲特别交情。"

学社某日考察笔记记载着："下午五时暴雨骤至，所乘之马颠蹶频仍，乃下马步行，不到五分钟，身无寸缕之干。如是约行三里，得小庙暂避。"又一日记载："行三公里骤雨至，避山旁小庙中，六时雨止，沟道中洪流澎湃，明日不克前进，乃下山宿大社村周氏宗祠内。终日奔波，仅得馒头三枚（人各一），晚间又为臭虫蚊虫所攻，不能安枕尤为痛苦。"

面对这些苦难，有多少人还会心甘情愿地继续坚持？而林徽因，却毫无怨言地承受着这一切，更何况她身染肺病，身体娇弱，却无半点迟疑。

身为女儿身，风餐露宿不说，还要上房爬梁，不顾安危，只为获取历史的数据，不得不为人所赞叹！

女人若能拥有她这般不屈不挠的品格，那不论是在生活上还是职场上，定能收获属于自己的一片天地。

更为可贵的是，艰苦的工作环境并没有使她变成一个爱抱怨的女人，她享受着这一切，期待着新的考察探险，新的希望和收获。即使天气阴暗，她的心情却是明媚的：

我们因为探访古迹走了许多路；在种种情形之下感慨到古今兴废。在草丛里读碑碣，在砖堆中间偶然碰到菩萨的一只手一个微笑，都是可以激动起一些不平常的感觉来的。乡村的各种浪漫的位置，秀丽天真；中间人物维持着老老实实的鲜艳颜色，老的扶着拐杖，小的赤着胸背，沿路上点缀的，尽是他们明亮的眼睛和笑脸。由北平城里来的我们，东看看，西走走，夕阳背在背上，真和掉在另一个世界里一样！云块，天，和我们之间似乎失掉了一切障碍。我乐时就高兴的笑，笑声一直散到对河对山，说不定哪一个林子，哪一个村落里去！我感觉到一种平坦，竟许是辽阔，和地面恰恰平行着舒展开来，感觉的最边沿的边沿，和大地的边沿，永远赛着向前伸……

1942年，梁思成接受国立编译馆的委托，编写一部《中国建筑史》，这也是林徽因留学英美时的夙愿。由他们执笔写就的《中国建筑史》，是第一部中国人自己完成的建筑史。

此时的林徽因，身体状况越来越差，肺病越来越严重，经常大口大口地咳血。对常人来说，这简直是非人的折磨，愈是大病当头，就愈是脆弱，恨不得马上停下手头的工作悉心养病。

林徽因却没有，她忘不了曾经立下的心愿，忘不了为了收集资料而受过的痛楚，她忍受着病痛的折磨，愿意用生命最后的力量去完成此生的梦想。

即使在战乱时期，避难于李庄的林徽因与梁思成，依然在无止境的苦难中坚持着他们的建筑事业。

从北平南下，几经周折来到李庄，有时是为了减轻负担，有时是逃难时根本没有顾得上，大部分家当都丢失殆尽，可战前梁思成和营造学社同仁们调查古建筑的原始资料，那数以千计的照片、实测草图、记录，等等，却安然无恙，一直被他们带在身边，完整地保留了下来，这是他们看得比生命更宝贵的东西。

那些没能一起带走的照相底板，一些珍贵文献，在离开北平前，经过社长朱启钤同意，梁思成选择了当时最安全的一种方法进行保管，那就是存入天津英租界的英资银行地下保险库。

本以为可以保护它们周全，不想在1939年夏季，天津遇上罕见的暴雨，整个市区成了蓄水池，保存资料的银行地库，不久变成了水库，营造学社的所有资料无一幸免。两年后，林徽因才得知这个消息，顿时悲痛欲绝，梁思成流下了不轻弹的男儿泪。

事已至此，木已成舟，说什么都无济于事，值得庆幸的是还有一部分资料完好无损。梁思成决定开始撰写《中国建筑史》，他与刘敦桢、莫宗江、刘致平、陈明达等几位同事一起，请来当地的木匠，做了几张粗糙的绘画木桌，摊开他们随身携带的资料，着手全面系统地总结整理营造学社在战前所收获的调查成果，为新书做准备工作。

与此同时，林徽因与梁思成决定用英文撰写并绘制一部《图像中国建筑史》，以此将中国古代建筑的成就和精髓科学系统地介绍给西方世界。

残墙破壁，寒风萧瑟，只有一台古老的打字机，他们二人就这样一个字一个字地打出草稿，再同助手莫宗江一起，绘制出大量英汉对照注释的精美插图。

休息的间隙，林徽因阅读了《二十四史》和各种资料典籍，搜集各种信息，对书稿不断进行着补充和修改的工作，竭尽全力做到完美。

每一张书页上，都噙着她的泪水，也浸着她的心血，可她无怨无悔，始终笑着面对。

她对建筑研究的热忱，使她十几年如一日地奋斗，最终令她收获了丰硕的果实。她是中国第一位建筑学女教授、第一位女建筑师，是唯一登上天坛祈年殿宝顶的女建筑师。

那些年少时的梦，在漫长的光阴过后，是否成真了呢？

当岁月将灵活矫健的身体、活跃敏捷的头脑一并收回时，不要因为一辈子庸庸碌碌、一事无成而懊悔，感叹时光的蹉跎，埋怨当初的懈怠与懒惰。

当膝下子孙环绕的时候，可以自豪地给晚辈们讲一讲曾经的那些荡气回肠，那些挥洒汗水、毅然奋进的日子，足以温暖不再强健的心脏，慰劳脸上的皱纹，以及满头的银发。

理性不刻板，感性不矫情

世上没有单一性格的人，仅用爽朗或是孤僻并不能完全描绘出一个人的全部性情。每个人都有着多面的性格，有着人前人后截然不同的情绪。

女人是感性的，她们多愁善感，有时一丁点小事就会惹得她们大发感慨，甚至哭泣不止。其实，感性不是矫情，它是女人不可或缺的一种浪漫情怀，是柔风细雨般的洒脱。

中国著名建筑师、诗人和作家，这些笼罩在林徽因身上的光环，简直来自两个极端。一方面，建筑所需的不只是奔放的创造力，更需要严谨的测量、娴熟的技术；另一方面，她又兼具诗人与艺术家的才情，能驾驭诗情画意，可以言之有物，发人深省。

在她不到20岁的年纪，觉得建筑是一个"把艺术创造与人的日常需要结合在一起的工作"，从此建筑事业便成了她毕生的志愿与追求。

她的聪慧、才干和天分，在与建筑朝夕相处的每一天，得到了充分的施展。换上建筑师的身份，她便是严谨求实的科学工作者。

30年代初，林徽因同梁思成一起用现代科学方法研究中国古代建筑，成为这个学术领域的开拓者，后来在这方面获得了巨大的学术成就，为中国古代建筑研究奠定了坚实的科学基础。

从1930年到1945年间，她与丈夫携手走过15个省，200多个县，考察测绘了200多处古建筑物，获得了许多远溯唐宋的发现。

正是通过他们的考察，许多没有被世人所熟知的古建筑，渐渐进入人们的视线，得到了及时的保护，比如，河北赵州的石桥、山西的应县木塔、五台山的佛光寺，它们有幸从历史的小角落里站出来，重新讲述那段被遗忘的时光，焕发出本来的光彩。

长年累月的艰苦考察，侵蚀了林徽因的健康。早年就患有肺疾的她，在抗战期间受尽颠沛流离之苦，病情不断地加剧，最终恶化为肺结核。

为了继续自己的事业，她拖着瘦弱的身体，陪着梁思成翻山越岭到处寻访古建筑。两个人不辞辛劳地到处寻访那些古桥、古堡、古寺、古楼、古塔，将岁月的积尘拂去，勘定其年月，揣摩其结构，计算其尺寸，然后绘图、照相、归档。

她的文学才华，使枯燥乏味的学术研究不再是刻板的论文，在她的笔下变得充满了灵性，竟也有了散文的味道，比如《晋汾古建筑预查纪略》的开头："去夏乘暑假之便，作晋汾之游。汾阳城外峪道河，为山右绝好消夏的去处；地据北彪山麓，因神头有'马跑神泉'，自从宋太宗的骏骑蹄下踢出甘泉，救了干渴的三军，这泉水便没有停流过。千年来为沿溪数十家磨坊供给原动力，直至电气磨机在平遥创立了山西面粉业的中心，这源源清流始闲散的单剩曲折的画意，辘辘轮声既然消寂下来，而空静的磨坊，便也成了许多洋人避暑的别墅。"

行云流水般的文字，实质是一篇学术报告，事实上却更像是一篇外出游玩后的感悟。

他们的足迹深深浅浅地刻印在了九州大地之上，经久的风沙也许会将他们的足迹掩埋，但岁月却为他们的贡献留下了见证。

人民英雄纪念碑和中华人民共和国的国徽的设计，皆有着林徽因的参与。她渊博的学识和无与伦比的创造力，成为她建筑师生涯的基石。

她具备专业建筑师的素养，而更加难能可贵的是，她知性却不学究。在跋山涉水的考察中，身到之处，眼之所见，不仅仅是一动不动、不会言语的石头，还有一种顿悟和诗的意境，以及那深藏在建筑中的人文精神。

她说，在她的眼里，"无论哪一个巍峨的古城楼，或一角倾颓的殿基的灵魂里，无形中都在诉说，乃至于歌唱，时间上漫不可信的变迁；由温雅的儿女佳话，到流血成河的杀戮"。

"石头的诗篇是不会风化的"，她笃信建筑的精髓在于传承一种精神，一种美感。她看到了中国古建筑的意义，"那不仅是一份壮美，一种力量，更是一种人文精神，一种民族风骨，它的文化内涵，象征着真、善、美的人格，既体现了佛家的无常、无我、寂静的真谛，又展现了一个民族创造的超凡人生的终极价值"。

林徽因在她的建筑论著中，时刻展现着严谨务实的学术精神，也处处可见文人的浪漫唯美，诗一般的抑扬顿挫、悠远圆润，阅读她的学术著作，理论与美感兼得。

理性与感性，在林徽因的身上完美地融合在一起。她用理性的思维进行科学探究，拯救无人问津的古迹，用感性的思维领悟出凡人难以参透的圣音。

她身上的文人气质，如空谷幽兰般清香淡雅，她的俏皮与爽朗，又仿佛是浓得化不开的甜腻，吸引着众多仰慕者和追随者。

她在北京胡同的家，被称作"太太的客厅"，聚集了中国近代大批的文学名家。他们聚在一起，谈论艺术与文学，是典雅的艺术沙龙。

主持人自然是集才华和美貌于一身的林徽因。她是沙龙的绝对主角，人们众星捧月般围绕着她，竖起耳朵，认真聆听她以艺术的眼光、诗的语言大谈旅途见闻、读书心得、人生感悟。

她顾盼生辉，光彩照人，思维敏捷，善于捕捉话题，具有控制场面和调动情绪的本领，客厅中常发出笑语欢声。大家指点江山，激扬文字，尽情挥洒着各自的情感。

梁思成这样评价自己的妻子："林徽因是个很特别的人，她的才华是多方面的。不管是文学、艺术、建筑乃至哲学她都有很深的修养。她能作为一个严谨的科学工作者，和我一同到村野僻壤去调查古建筑，测量平面爬梁上柱，做精确的分析比较；又能和徐志摩一起，用英语探讨英国古典文学或我国新诗创作。她具有哲学家的思维和高度概括事物的能力。"

她就是如此特别的一个女人，理性起来不刻板，感性起来不矫情，散发着恰到好处的迷人气息。

林徽因的儿子提及母亲，"有人问我，母亲应该专心文学，还是研究建筑，对她个人更有意义也会更有成就？我认为，在母亲身上，那种诗人的气质，和建筑艺术家的眼光，相得益彰，缺一不可。她的建筑文章，尤其是早期的这类作品，写得神采飞扬。譬如《平郊建筑杂录》，其中有几篇，就被行家认为是研究中国古建筑的范文。建筑除了要有诗情画意之外，还要有建筑意，这是我母亲最先提出来的主张。"

林徽因是第一位将对建筑的研究上升到"建筑意"的人，这为建筑独添了几分意境。

我们也许无法拥有诗人的妙笔生辉，做不到用玲珑剔透的文字表达心中所想；我们也许无法成为聚会的焦点人物，赢不来那么多的赞赏和掌声；甚至，我们的感性被生活所困，变成了口无遮拦的抱怨和莫名其妙的坏脾气。我们打着感性的幌子，将心中的不满说了一次又一次，直到连亲近的人都对我们避而远之，最后连半点安慰和同情都没能得到。

可有些人还是不知道悔改，一把鼻涕一把泪地控诉他人，"女人就是感性的啊，就是多愁善感啊"。可是你要知道，这不是感性，是矫情。

不求光环，只求心安

有谁与石头打一辈子交道，依旧心心念念？又有谁可以凭借冥顽不化的石头斩获辉煌，到达人生的巅峰，登高望远，俯视九州大地？

那一刻的快感，让一切辛劳、拼搏有了名分。

义无反顾的同时，也要清楚名誉不过是过眼云烟，生不带来、死不带去，唯有奋斗的路途中，收获自己的心安才是首要的。

所有的努力与付出只为在生命尽头回顾往昔时，没有懊悔，没有羞愧。一生光明磊落，做任何事情只为寻求内心的安妥。

急功近利是现代人的通病，对声名地位急不可耐。心中的种种欲望，催促着人们使尽浑身解数，以求达成预设的目标。

如不及时修剪欲望的枝蔓，让名与利成了毕生的追求，作茧自缚，何等愚蠢。

人民英雄纪念碑位于北京天安门广场中心，在天安门南约463米，正阳门北约440米的南北中轴线上，是中华人民共和国政府为纪念中国近现代史上的革命烈士而修建的纪念碑。

人民英雄纪念碑通高37.94米，正面碑心是一整块石材，长14.7米、宽2.9米、厚1米、重103吨，镌刻着毛泽东题写的"人民英雄永垂不朽"八个鎏金大字。背面碑心由7块石材构成，内容为毛泽东起草、周恩来书写的150字碑文。

1949年秋天，毛泽东主席为纪念碑的奠基填了第一抔土。1952年由梁思成和雕塑家刘开渠主持纪念碑设计；参加设计工作的林徽因，被任命为人民英雄纪念碑建筑委员会委员，此时她已病得不能起床了。

并不宽敞的起居室兼起了书房的功用，林徽因将两张绘图桌摆进卧室，以方便她的工作。

梁思成在早晨天微亮的时候，先与林徽因共同制订出一天的工作计划，由助手一一记录在案，以便林徽因随时指导修改。她的助手是建筑系应届毕业生关肇邺，刚刚20岁出头，机灵能干，尽心尽力地辅助她的工作。

林徽因主要承担的是纪念碑须弥座装饰浮雕的设计，从总体平面的规划到细微之处的装饰图案纹样，她都亲力亲为，反复比较和推敲，以确定最完美的成品。绘制完小图样之后，工作还没有结束，还要逐级放大，从小比例尺全图直到大样，并在每张图纸上绘出人形，以保证尺度的精准。

林徽因主张以唐代风格为基调，为了更好地掌握唐朝的基本特点，她搜集了众多翔实的资料，尽可能地将唐朝恢宏的气势表现到极致。

两个多月，60多个昼夜，林徽因和关肇邺画了数百张图案，经过精心地挑选，最后选定了以橄榄枝为主体的花环设计。

在选用装饰花环的花卉品种上，他们花费了一番工夫。起初，是打算选用英雄花，在咨询花卉专家后，得知英雄花并非属于中国原产花卉，于是否定了这个设想。

中国花卉品种琳琅满目，各自带有独特的深意，选出最适合英雄纪念碑的品种谈何容易。不仅需要极高的耐性，也需要丰富的学识为依托。

经过多方面的考虑，最后选定了牡丹、荷花和菊花三种，分别象征着高贵、纯洁和坚韧，这正是那些为了祖国山河抛头颅洒热血的英雄们所具备的可贵特质。

须弥座正面设计为一主两从三个花环，侧面为一个花环。同基座的浮雕相互照应，运用中国传统的纪念性符号。

这是英雄烈士们，用血肉之躯谱写的乐章，铿锵有力的脚步踏出壮志豪情，保卫着敬爱的祖国，守护着身后的亲人们。

1953年，林徽因不顾病弱的身体，肩负起景泰蓝的抢救工作，废寝忘食地奋斗在一线工作上。

景泰蓝在她与同事们的共同努力下，摆脱了没落的境况，以新的姿态出现在人们面前。可惜的是，她的身体每况愈下，已到了山穷水尽的地步。

寒冬将至，她的情况更加危险，往日依赖的药物已经无法奏效，只能靠她的意志力坚持着。为了让她好过一些，每时每刻都要保持室内的温度，即使是轻微的感冒，对她而言，也是灭顶之灾。

这年10月，中国建筑学会成立，梁思成被推举为副理事长，林徽因被选为理事。他们二人还兼任了建筑研究委员会委员。1954年6月，林徽因当选为北京市人民代表大会代表，8月10日，《北京日报》刊登了她的简历。

由于林徽因的身体实在不能抵御郊外的寒冷，为方便治疗，梁思成在城里租了房子。由于还未准备好，便先搬到陈占祥家里暂住。不久，林徽因病情恶化，住进了同仁医院。

林徽因不在乎什么"伟大"之类的字眼，那些加在她身上的光环，虽是她应得的桂冠，可她耗费毕生心血，拼上性命也要为之奋斗的并不是名望与地位。

这是她心灵的召唤，来自她灵魂深处的低语。

对于建筑，她有着博爱的胸怀。

1941年，成都，日军利用恶劣的天气，以诡异的云上飞行方式袭击了中国空军的双流基地，一位中国飞行员不顾日机的轰炸扫射，冒死登机，起飞迎战，壮烈殉国。

3年后，林徽因为这个战死的中国飞行员写了一首哀婉的长诗《哭三弟恒》。

这名中国飞行员，就是林徽因的三弟，"在北平西总布胡同老宅我们叫作三爷的那个孩子"——林恒。

梁思成进入营造学社后，从不与日本人来往。在长沙大轰炸的烈火中，谦谦君子梁思成怒吼出："多行不义必自毙，总有一天我会看到日本被炸沉的！"

所以当梁思成提出保护京都和奈良时，这在旁人看来，是多么难以理解的决定，而且，这也超出他的工作范围。

他的弟子罗哲文这样记载他们从事这项工作时的情景："他们住在重庆上清寺中央研究院……每天，梁先生拿过来一些图纸，让罗哲文根据他事先用铅笔标出的符号，再用绘图仪器绘成正规的地图。罗哲文虽然没有详问图纸的内容，但大体可以看出，地图上许多属于日本占领区的范围。而梁先生用铅笔标出的，都是古城、古镇和古建筑文物的位置。还有一些地图甚至不是中国的。当时罗哲文虽然没有仔细加以辨识，但有两处他是深有印象的，那就是日本的古城京都和奈良。"

梁思成这样解释他提出的这个建议："要是从我个人感情出发，我是恨不得炸沉日本的。但建筑绝不是某一民族的，而是全人类文明的结晶。"

　　这也是林徽因的心声，她是有血有肉的中国人，在感情上，同全体中国人民一样，与日本帝国主义有着不共戴天的国恨家仇。而作为一位致力于建筑事业的研究者，不论这一砖一瓦、一草一木属于哪个国家，它都是珍贵的建筑文物。

　　1945年，盟军不得不做出对其进行轰炸的准备。而为了最大限度地保护奈良的历史遗迹，盟军需要一张标明详细文物地点的地图。这一次，画这张图的，是林徽因。

　　与显赫的声名无关，这是一份心安。

　　纵然在李庄的每一刻都攸关生死存亡，"几个月的时间就毁灭了她曾经有过的美丽"，每天都是受难日，没有电，没有自来水，甚至没有干净的床铺。

　　在北平时，是享受生活，而在李庄，则是将就着勉强生活。

　　而当费慰梅、费正清夫妇提议让他们定居美国时，林徽因毫不迟疑地拒绝了。

　　选择去科技更先进、生活更富足的美国任教，必然有利于林徽因与梁思成的事业发展，他们可以集中精力来进行未完成的研究，可以获得更多的成就，届时围绕在他们身上的光环会更加璀璨夺目，而他们放弃了这个机会。

　　林徽因渴望在建筑的研究上更进一步，在有生之年取得更为丰硕的成果，而这有一个前提，那就是要心安理得。

　　何向阳在《怀念林徽因》中说道："她与疾病争夺了10年，正是这最后争来的10年的生命，使她为新中国做了一个知识分子该做的一切。生命已到秋天，红叶的火总要燃着的，哪怕流血般耗尽生命，也要去做，谁又能挡住一个情愿。"

　　一门心思地追名逐利，极容易陷入欲望的包围圈中，膨胀的野心渐渐侵蚀了心灵，变得无所不用其极。眼中、心中只有名利的女人，身上有一股市侩气息，也许很强大，却很不讨人喜欢。淡泊名利的女人，则是有着清新、淡雅的芳华气度。

对身外之物少一点在乎，也许就会多一分淡然从容，可以更好地享受人生。

Lesson 6

不畏将来，不念过去
——做一个有格局的女子

◄ 1937年，林徽因在山西五台豆村佛光寺测绘经幢

▼ 1938年，林徽因、周培源、梁思成、陈岱孙、梁再冰、金岳霖、吴有训、梁从诫在昆明西山华亭寺

心中有根才站得稳

参天大树立于天地一角，斗转星移间不问悲喜，饱经风雨，无惧无忧，不眠亦不休。任凭狂风暴雨如何凶猛，它都傲然挺立，接受自然的洗礼，不妥协、不低头。

这份安稳缘于它深深扎入地里的根，默默无语却不可或缺。

人也是如此，在人世间安身立命，若是没有扎实的根基，想要撑起自己的抱负，着实不易，不经意间的曲折蜿蜒都会将你吓退。

1942年，中国还未从沉睡中苏醒，经济一片萧条没落。与此同时，扩展到全球范围的第二次世界大战已经进入战略相持阶段，热爱和平的人们企盼着胜利的到来。

国内人民的生活异常艰辛，通货膨胀、物价飞涨，人们经受着严峻的考验，在粮食与各种物资极其短缺的情况下忍耐着。

这一年，林徽因和梁思成在竭尽全力完成一本著作。

费正清和陶孟和从嘉陵搭乘小火轮远道而来，经过4天的颠簸劳累，终于抵达李庄镇，看望林徽因与梁思成这两位老朋友。

自1935年圣诞节分别以来，直到1942年9月在重庆相逢，这7年间不曾相聚，只是通过书信讲述各自的生活境遇。7年的光阴匆匆而过，友谊也愈加深厚牢固。

久别重逢的喜悦填满了缺钱少粮的生活，他们紧握着彼此的双手，心中有千言万语，此刻却很难发声。

老朋友近乎原始人类穴居状态的生存条件，惊呆了费正清。

中国学术界顶级的专家学者，一位身患绝症，一位身体残疾，却自动忽略了艰难的生存条件，专心致志且不知疲倦地进行着手头的工作。

破旧的房屋，简陋到极致的家具摆设，唯一充足的是堆积在病床四周的资料和文稿。如果精神食粮真的可以充饥，林徽因和梁思成怕是最幸福的。

若不是亲眼目睹，费正清绝对不会将眼前这个面容枯槁的女人认作林徽因。

他怜惜自己的好友，同时也带着万般不解。

他说："我很赞赏你们的爱国热情，可在这样的地方做学问，也确实太难了，你们是在消耗自己的生命。要是美国人处在这样的环境下，他要做的第一件事情，是改善自己的生活条件，而绝不是工作。西部淘金者们，面对着金子的诱惑，他们做的第一件事却是设法使自己有舞厅和咖啡馆。"

得知林徽因重病缠身，费正清极力建议她即刻前往美国治病，他会尽己所能来提供经济上的帮助。

陶孟和也附和道："还是去兰州吧，我的夫人也在那里，西北地区干爽的空气有助于治好你的病。先把病治好了，再去写你们的书。"

林徽因却没有动心，她只是微笑着说："你们住上几天，也许会有另一种看法。"

后来，费正清在他的《费正清对华回忆录》一书中，满腔感慨地谈到当年去李庄访问林徽因和梁思成的情景：

梁家的生活仍像过去一样始终充满着错综复杂的情况，如今生活水准下降，使原来错综复杂的关系显得基本和单纯了，首先是佣人问题。由于工资太贵，大部分佣人都只得辞退，只留下一名女仆……这样，思成就只能在卧病于床的夫人指点下自行担当大部分煮饭烧菜的家务事。

其次是性格问题。老太太（林徽因的母亲）有她自己的生活习惯，抱怨为什么一定要离开北京；思成喜欢吃辣的，而徽因喜欢吃酸的，等等。

……

林徽因非常消瘦，但在我做客期间，她还是显得生气勃勃，像以前一样，凡事都由她来管，别人还没有想到的事，她都先行想到了。每次进餐，都吃得很慢；餐后我们开始聊天，趣味盎然，兴致勃勃的徽因最为健谈。

傍晚五时半便点起了蜡烛，或是类似植物油灯一类的灯具，这样，八时半就上床了。没有电话，仅有一架留声机和几张贝多芬、莫扎特的音乐唱片；有热水瓶而无咖啡；有许多件毛衣但多半不合身；有床单但缺少洗涤用的肥皂；有钢笔、铅笔但没有供书写的纸张；有报纸但都是过时的。

你在这里生活，其日常生活就像在墙壁上挖一个洞，拿到什么用什么，别的一无所想，结果便是过着一种听凭造化的生活。我逗留了一个星期，其中不少时间是由于严寒而躺在床上。我为我的朋友们继续从事学术研究工作所表现出来的坚韧不拔的精神而深受感动。

依我设想，如果美国人处在此种境遇，也许早就抛弃书本，另谋门道，改善生活去了。但是这个曾经接受过高度训练的中国知识界，一面接受了原始纯朴的农民生活，一面继续致力于他们的学术研究事业。

学者所承担的社会职责，已根深蒂固地渗透在社会结构和对个人前途的期望中间。如果我的朋友们打破这种观念，为了改善生活而用业余时间去做木工、泥水匠或铅管工，他们就会搞乱社会秩序，很快会丧失社会地位，即使不被人辱骂，也会成为人们非议的对象。

更让费正清感到惊奇的是，在他感冒躺在床上休息时，林徽因竟满怀深情地念诗给他听。这是一种怎样的人生态度啊，日子是苦的，可她却有苦中作乐的心态。

她无惧苦难，因为她的根深植于中国的广袤土地中，祖国的命脉与她相连，祖国的未来与她息息相关，她不会选择逃避，只会迎难而上。

费正清感慨地说："林，我已经明白了，你的事业在中国，你的根也在中国。你们这一代知识分子，是一种不能移栽的植物。"

1945年8月，日本侵略者宣布无条件投降，结束了中国人民长达8年的抗日战争。祖国的大好山河虽然遭受炮火的摧残，却依旧坚强地屹立于世界的东方。

贫病交加的林徽因、梁思成，听到战争胜利的消息，抑制不住内心的狂喜。一切担惊受怕终于可以告一段落，终于可以迎来平静的生活，如同沙漠的行者在忍受了长久的干渴之后，偶遇甘泉。

可惜梁思成此时并不在李庄，否则一定要给妻子一个大大的拥抱，林徽因独自庆祝重生，她坐上轿子来到一家茶馆，以茶代酒以示庆祝。

随后，梁思成匆匆赶回李庄，将家里仅有的一点钱买了肉和酒，请来莫宗江，几个人一起痛饮。林徽因甚至开了不喝酒的戒，也痛快地饮了几杯。

酒酣正浓，梁思成开始教宝宝和小弟朗诵，是一首杜甫的诗：

> 剑外忽传收蓟北，初闻涕泪满衣裳。
>
> 却看妻子愁何在，漫卷诗书喜欲狂。
>
> 白日放歌须纵酒，青春作伴好还乡。
>
> 即从巴峡穿巫峡，便下襄阳向洛阳。

不论古今，这种情绪是相通的。

年幼的宝宝和小弟像模像样地背诵起来，知道马上就可以随父母回到阔别已久的故乡，稚嫩的小脸上露出灿烂的笑容，围着林徽因和梁思成手舞足蹈地雀跃起来。

1946年1月，她从重庆写给费慰梅的信中说：

正因为中国是我的祖国，长期以来我看到它遭受这样那样的罹难，心如刀割。我也在同它一道受难。这些年来，我忍受了深重苦难。一个人毕生经历了一场接一场的革命，一点也不轻松。

正因为如此，每当我察觉有人把涉及千百万人生死存亡的事等闲视之时，就无论如何也不能饶恕他……

我作为一个"战争中受伤的人"，行动不能自如，心情有时很躁。我卧床等了四年，一心盼着这个"胜利日"。

毕竟是肉体凡胎，吃不饱会饿，病了会痛，可这些都抵不过留在祖国怀抱的踏实。这是她的根，是她的念想。

心中有根的人才不会畏惧，蹚过河流，翻过高山，心中所念的是前方的风景，而不是脚下的泥泞。

没有根基的人，不会有坚定的信念，而信念不是可有可无的东西，它根植于灵魂。不屈的灵魂只属于心中有根的人，步伐走得铿锵有力，稳稳地向前，直至看到胜利的曙光，然后为下一次远行做好准备，为登更高的山顶积蓄能量。

人生多少次奔赴离别

"人生"这趟列车，以时间为速，驶向"死亡"的终点。

身边的亲友，总会有人先到达目的地。作为旁观者的我们，明知生离死别是逃不开的宿命，终究也难以用平静的心情去面对。

也许最大的悲痛在于那些鲜活如昨天的一言一行，在一个不可改变的时间点上，戛然而止；太多生前未能完成的心愿，今后却再也没有机会可以实现，留下了永远无法修复的遗憾。

父亲，是这个世界上最令人安心的存在，他有着厚实的臂膀，宽阔的胸怀以及默默无言却深沉的爱。他对子女的影响是潜移默化而深远悠长的，简单到站立行走，复杂到如何为人处世，那宽厚的大手扶着我们，每时每刻都在保护我们。

父亲，是我们心中的大英雄，是我们甘愿以自己的青春换他不老的人。

在林徽因看来，父亲林长民是她"唯一的知己"，是引领她走出狭隘，突破自我的人。

1925年张作霖依靠日本政府的支援，兵分四路进攻北京，意欲自任总统。11月，奉军将领郭松龄向全国发表《反奉通电》，并将原奉军第三方面军改称为东北国民军。郭松龄起兵后，托人游说林长民出关。

林长民感念郭松龄知遇之恩，于11月30日晚乘郭松龄专车秘密离京，途中受到奉军王永清部的袭击，与郭松龄同行的林长民下车躲避时被流弹击中身亡。

噩耗传来时，林徽因远在他乡求学。这消息撞击着她心脏，仔细听，这是世界坍塌毁灭的声音。

在父亲的同学、同事的眼中，他"一有才，不仅学识渊博，且'善治事'；二有口才，善于辞令，滔滔雄辩；三有家财，常为朋友慷慨解囊；四有胆识，遇事肯担当，决无畏葸之态"。

他为人正直，有理想、有抱负，出淤泥而不染，被人称为当时政界"少有的好人"。在林徽因的眼中，父亲如山般磅礴，如海般广阔。

丧父之痛，如站在旷野之上，电闪雷鸣，经受这一道道雷劈，每一分每一秒都是折磨。逝去的人如果泉下有知，看着最疼爱的女儿失魂落魄，却没办法抚平她的愁眉，心中的痛也该是深刻的吧。

活着的人，承受着失去亲人的痛，强忍的泪水，早已经失去了控制，如决堤的洪水，一遍又一遍淹没了心田。某人的不复存在，击溃了人们的泪腺，失声痛哭。

别离，是不愿去面对，却又不得不去面对的事实。回忆，成了全部的念想，带着温热的余温，令人在某个时刻，或哭或笑，不能自已。

时隔6年，由南京飞往北平的中国航空公司邮政班机济南号，在平静的午后，由于大雾弥漫而失去方向，一头撞上山东党家山峰巅。林徽因的挚友、现代诗坛第一才子——徐志摩，35岁的生命，就此云游不返。

他是为林徽因而来，却没来得及说声再见，道声珍重。

诗人殒命的当晚，林徽因在北平协和小礼堂为外国使节演讲中国建筑艺术，徐志摩前来力挺却未能如愿，这令林徽因心碎不已。

胡适为徐志摩写的祭文感天动地，叫人痛彻心扉：

死在天空之中，大雨淋着，大雾笼罩着，大火焚烧着，那撞不倒的山头在旁边冷眼瞧着，我们新时代的诗人，就是要自己挑一种死法，也挑不出更合适，更悲壮的了！

天妒英才，早早地将他召回。

1934年11月19日，3年前的这一天，是徐志摩离开人世间的日子。不可预知的命运，只有在经历过之后才恍然觉悟，不知是注定，或是偶然。

林徽因、梁思成应浙江省建设厅的邀请，商议杭州六和塔的重修计划，之后他们去了浙南武义宣平镇，考察元代的延福寺，还在金华天宁寺发现一处元代的建筑，在返回上海的途中，竟有硖石这一站——徐志摩便长眠于此。

林徽因难以抑制胸中翻腾着的悲怆，望着远处的青山翠柏，无语凝噎。心中的千言万语、千头万绪，一股脑儿地堵在胸口，只得倾泻到纸上，借着文字一一诉说：

别丢掉这一把过往的热情，现在流水似的，轻轻在幽冷的山泉底，在黑夜在松林，叹息似的渺茫，你仍要保存着那真！一样是月明，一样是隔山灯火，满天的星，只使人不见，梦似的挂起，你问黑夜要回，那一句话——你仍得相信，山谷中留着有那回音！

在徐志摩逝世4周年的时候，林徽因写下了《纪念徐志摩去世四周年》的散文，发表在《大公报》上：

　　但是我却要告诉你，虽然4年了你脱离去我们这共同活动的世界，本身停掉参加牵引事体变迁的主力，可是谁也不能否认，你仍立在我们烟涛渺茫的背景里。间接的是一种力量，尤其是在文艺创造的努力和信仰方面。间接地你任凭自然的音韵、颜色，不时的风轻月白，人的无定律的一切情感，悠断悠续的仍然在我们中间继续着生，仍然与我们共同交织着这生的纠纷，继续着生的理想。

　　你并不离我们太远，你的身影永远挂在这里那里，同你生前一样的飘忽，爱在人家不经意时莅至，带来勇气的笑声也总是那么嘹亮，还有，经过你热情或焦心苦吟的那些诗，一首一首仍串着许多人的心旋转。

　　这不再是简单的笔画文字，它超越了其表面的形式和内容，传达出她隐于心中的哭声。那历历在目的往昔，如同一把锋利的锯条，来回拉扯着人们的心脏。

　　悲痛并不是全部，她从这生与死的轮回中，看到的是对生的热爱，对死的淡然。早逝的他，留下了难以平复的悲伤，以及对生命敬畏的态度。

　　1935年5月9日，林徽因还未痊愈的心又遭受了当头一击，新月派青年诗人方玮德在北平医院病逝。

　　她跟随众人送殡到法源寺，走了一路，眼泪流了一路。回忆在此时此刻，成了最恼人的东西，那些曾经真切感人的过往，如今再难重现，对比着冰冷的躯体，着实令人心痛。

　　她拿起笔来，寄托无尽的哀思："玮德，是不是那样，你觉到乏了，有点儿不耐烦，并不为别的缘故你就走了，向着那一条路？玮德，你真是聪明；早早的让花开过了，那顶鲜妍的几朵，就选个这样春天的清晨，挥一挥袖对着晓天的烟霞走去，轻轻的，轻轻的，背向着我们。春风似的不再停住！"

林徽因眼前闪现出那张年轻的面孔，他似乎还没有完全脱掉孩子气，见了生人还那样羞涩，可是他又是那样充满活力，一副什么也不在乎的样子。

生命就这样变得黯淡无光，还未开放的花朵，一时没能抵抗命运的驱使，就这样衰落了。他的突然离去，让林徽因感到了生命的无助和脆弱。

面对生老病死，即便是聪慧灵敏的林徽因，也是无可奈何的，只能眼睁睁地看着生命消逝，只能流泪，流泪，再流泪。

生活给了她太多思索，她参透了瞬间与永恒、生命与死亡、存在与不朽的禅意。那两年，她的诗作还有《年关》《你是人间四月天》《灵感》《城楼上》等。她让自己的艺术，越来越贴紧了命运。

命运就是这样无情，它过早地把一个个残酷的现实，抛给活着的人们。

离别在每一天里，在不同的角落里重复上演。逝去的人永眠地下，再也不能参与我们的生活，活着的人唯有重拾勇气，带着逝者的精神继续生活。

悲伤也许会永存，却不能成为生活的主旋律。他日黄泉相逢，再将来不及诉说的心事，一吐为快。

为他人着想的善良

女人生来就有一副柔软的心肠，男人爱说女人矫情，其实是他们不懂，女人对自己所热爱的一切，投入了太多感情。

与他人相处时，多设身处地地为别人考虑一下，照顾一下别人的情况和心情。这样细致入微的照顾，于他人而言堪比雪中送炭；于自己而言，未尝不是好心情的源头。

为他人着想的善良，是女人修饰心灵的上乘佳品。不论她有着靓丽或是丑陋的外表，心灵的澄净善良会由内而外地散发出轻柔的光彩。

沈从文与林徽因是私交甚好的朋友。

1934年，沈从文就任《大公报·文艺副刊》的主编，恰巧这时林徽因的大部分作品都在那里发表。

不相上下的年纪，聊起天来就格外自在。林徽因很是喜欢沈从文的作品，每一篇必然会细细品读。正如林徽因的挚友费慰梅在她的《梁思成与林徽因》一书中所说，"他们之间发展出一种熟稔的友谊，林徽因对沈从文有一种母亲般的关怀；而沈从文，就和亲儿子一样，一有问题就去找她商量，找她想办法"。

甚至连私密的感情问题，沈从文都会向林徽因倾诉。

她给他回复的信中所提到的"横溢的情感"，指的正是沈从文和文艺少女高韵秀的一段婚外恋。当时高韵秀是熊希龄的家庭教师，正巧沈从文有事去熊希龄在香山的别墅，主人不在，迎客的便是高韵秀。几句闲谈过后，彼此都留下了较好的印象，于是以此为开端，才有了沈从文后来的纠结。

这段往事并不为人所熟知，一直以来都很隐秘。这个故事的线索还是通过林徽因和美国著名历史学家费正清的夫人费慰梅之间的英文书信中发掘出来的，沈从文只对林徽因一个人倾诉。

沈从文将纠缠在心里的矛盾毫无保留、毫无隐瞒地向林徽因倾诉，可见他与她的感情至深、至真，也可见他对林徽因的信任。这份信任，来自于林徽因不动声色的善良和体贴。

沈从文曾一度经济拮据，甚至到了山穷水尽的地步，众多好友都有意慷慨解囊，却都被他婉拒了。林徽因自是了解他的为人，有着知识分子的清高，更多的是愿意自己承担生活。

想要接济他，又担心伤了他的面子，林徽因只好想了一个两全其美的办法。

她让她的堂弟林宣时不时地向沈从文借书来看，趁着还书的时候，悄悄地在书里夹一些钱，数量不多，却足够解决燃眉之急。

这样一来，沈从文自然心领神会，断然没有再去拒绝的道理，便欣然接受，等经济条件稍好，立即归还。

有时候好心好意未必能获得对应的感谢和感动，也许并不是受恩之人没心没肺，也不是他不知好歹，没准是帮助别人的方式不对，在不知不觉间，触碰到了他人的软肋和自尊，原本是善事，却叫别人觉得尴尬。

女人在这一点上，可以做得更好。她们与生俱来的细腻与柔情，她们精锐的观察力，加上一副好心肠，一定能够在最适合的时机，用最恰当的方式，给予别人最需要的帮助。

林洙在成为程应铨的第一任妻子、梁思成的第二任妻子之前，是一个初来北京求学的女学生。当时，林洙想进清华的先修班，时逢解放前夕，当年的先修班并没有照常举办。她带着父亲的介绍信去找福州同乡林徽因，希望得到林徽因的帮助。

她的英文较差，林徽因决定每周二、五下午辅导她的功课。当时林徽因的肺结核已经到了晚期，体力难支，却依旧时断时续地为她补习。

解放后不久，林洙收到父亲的来信，催促着她准备与程应铨完婚，并得到林徽因个人的资助。这一次，林徽因说了善意的谎言，她假借营造学社的名义，让林洙可以安心地将钱收下。

对别人的善意，并不一定就局限于直截了当地给予。多站在别人的立场上思考问题，看待问题的角度不同，得出的结论自然也可能大不相同。

林徽因的善良，在于她懂得用心去体谅别人，将一番好意完美地交到他人手中，如春雨润物无声。这与她平日里的伶牙俐齿不同，却一样体现着她的魅力。

其实林徽因并不是她本来的名字，她的本名原为林徽音，出自《诗经·大雅·思齐》中"大姒嗣徽音，则百斯男"。

她将名字改为"林徽因"是30年代初期的事情，据曾采访过林徽因堂弟林宣的陈学勇介绍：林徽因曾因名字容易与当时另一男作家林微音混淆而考虑改名。

林徽因说："我不怕人家把我的作品误为林微音，只怕日后把他的作品错当成我的。"

也许带着小小的骄傲自负，却着实也是考虑到名字太容易混淆，给男作家林微音造成不便，才决定将名字改为"林徽因"，以示不同。

在梁家夫妇的聚会上，星期六是大家最为期待的，高潮是中午在饭店里的聚餐，差不多每次林徽因都给大家讲上一段开心的故事，而故事的主角往往是她自己。

林家的仆人陈妈，有一天惊慌地跑来报告说，在梁家西边的紧邻，房顶上裂开了一个大缝，因为在那居住的房客穷得修不起屋顶，托林徽因向房东去求情，让房东出钱修房，林徽因马上去找房东，得知房客住的三间居屋每月只付50个铜板的房租，而且房客的祖上从乾隆年间就租用这处房子，已经200多年了，每月的房租是固定的，始终没有涨过，因此房东也没有能力出钱维修这座房子，事情的终结是林徽因给房东捐了一笔修理房顶费用才算了事。

她能理解贫困的房客有自身的难处，那年久失修的房子，总得有人去修葺；而房东也不是尖酸小气的人，确实是没有能力来承担整修房子的费用。

原本这与林徽因并没有什么关系，她大可不必劳心劳力。只不过，既然知道别人正遇到麻烦，她自然不能袖手旁观，自己有能力解决的问题，她是乐意效劳的。

人们用风华绝代、气度超群、思维敏捷、如花美眷、人艳如花等词语来形容她的聪慧和美貌，其实，除了满腹诗书和姣好的容颜之外，她还拥有时刻为他人着想的善良。

漂亮容貌敌不过时间，可一颗柔软善良的心，却历久弥新，恒久存在。

活在这个世上，难免会有需要帮助的时候。孤立无援的失落，相信每个人都曾或多或少地感受过。只有真的感受过手足无措，才会明白一臂之力，甚至是举手之劳，对于需要帮助的人来说有多么宝贵。

俗话说"人不为己，天诛地灭"，似乎为自私自利找到了申辩的理由。然而，损人利己的人，迟早会被自己的贪婪所害，周遭的人早晚会看清他可憎的面目。总有一天，他会自食其果，尝尽孤家寡人的滋味。

　　试着去关心别人吧，用别人能够接受的最好方式，换个角度，以他人的立场去想一想。不要吝惜自己的善良，做一个让他人觉得温暖的女人吧，如那晴天的向日葵，留给别人暖心的微笑。

▲ 1931年，林徽因和女儿

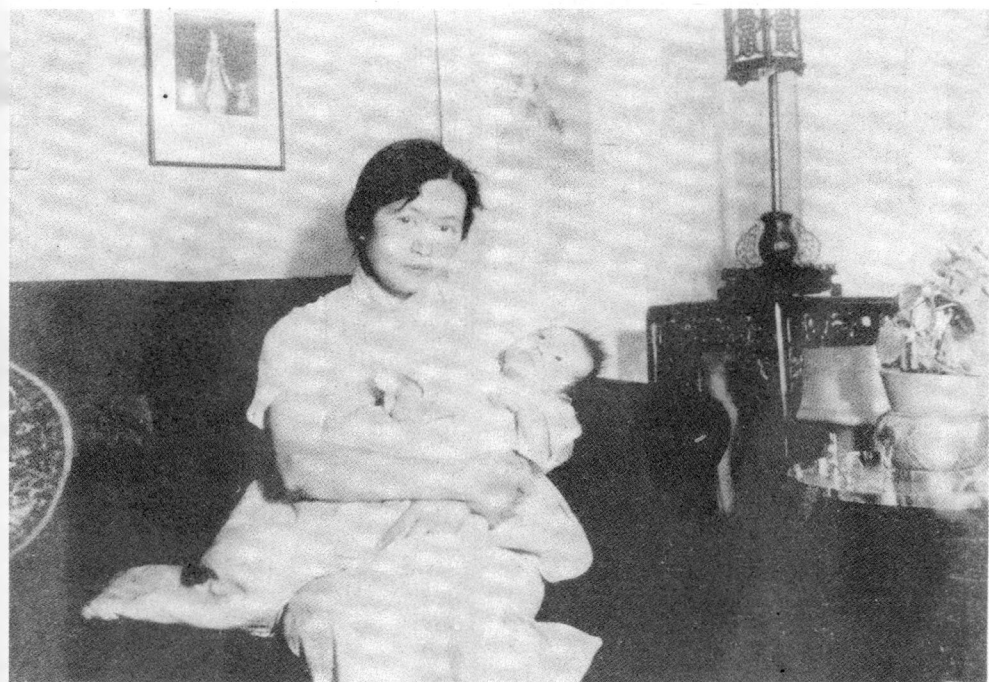

▲ 1932年，林徽因和儿子梁从诫

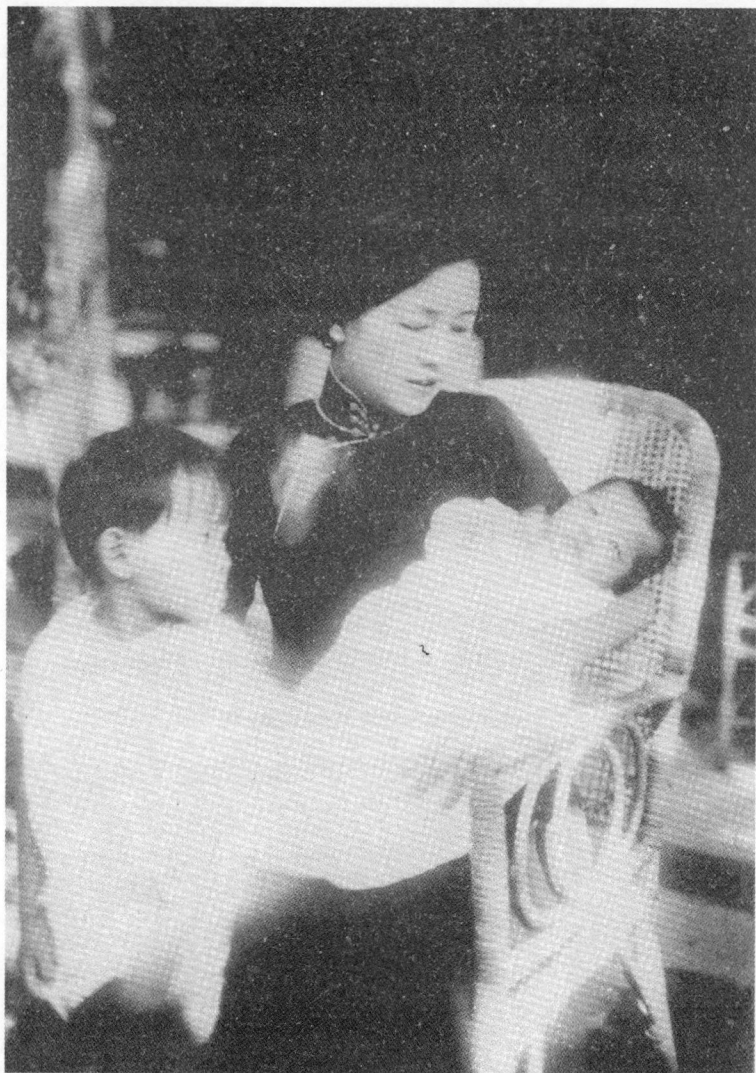
▲ 1932年，林徽因和女儿、儿子

母爱是永远的风景

十月怀胎，一朝分娩，是每个女人担负着的伟大使命。一个生命孕育着另一个生命，承受着孕期的漫长痛苦，以及最后那撕裂的阵痛，才最终成为一个母亲。

当她成为母亲的那一刻起，人生更繁重，但更多姿多彩的经历也随之拉开帷幕。每个孩子，都是母亲呕心沥血的作品，那是承载着深深母爱的一生。

能生儿育女，是女人的福气。

林徽因育有两个孩子，一个是女儿梁再冰，另一个是儿子梁从诫，她给予这两个孩子深切的爱与厚望。

1929年，第一个孩子梁再冰在辽宁沈阳出生，她的爷爷梁启超先生在这一年的年初刚刚去世。梁启超在天津的书房叫作"饮冰室"，称自己为"饮冰室主人"，林徽因与梁思成为了怀念父亲，为女儿起名梁再冰，以寄托对父亲的眷恋与不舍。

1932年，第二个孩子梁从诫在北京出生，他的名字颇有深意。当时正值梁思成在研究中国古代一本建筑规范式样的经典之作《营造法式》，作者是宋朝的李诫，这本书可谓是建筑学的开山之作。

梁思成此时要做的主要工作就是把这本书翻译成与当今建筑学可以融会贯通的参考书籍。他对这本书的喜欢简直达到了痴迷的状态，遂为第二个孩子起名为梁从诫，希望儿子能和李诫一样，成为中国有影响力的建筑学家。

生下女儿梁再冰之后没过多久，林徽因回到北京香山养病。她的身体在生产后极其虚弱，初为人母的喜悦抚平了身体上的创伤，女儿带给她生命的美好、宁静和温情。

她静静享受着女儿的一举一动，听到她哇哇大哭会心疼，看到她开心的笑容会喜悦，女儿操纵着她的喜怒哀乐，仿佛一下子填满了她的心灵，人生在这里得到了升华。

忍着裂骨的剧痛，拼尽全力，将自己的骨肉带到人间，赋予他独立的生命。这只是母爱的开端，从此，她承担起一位母亲的职责，无私地奉献着她的全部。

每一位母亲，都曾是一名花季的少女，拥有令人羡慕的青春年华，她们对未来充满了期待和憧憬，只是生活就是生活，它不是由梦幻装点，而是布满琐碎和平凡。

时间教会她忍耐平淡，付出时间和精力，她开始快速地成长，成为可以独当一面的母亲，她用最大的心力守护着自己的孩子，正如同她的母亲曾经那样守护她。

每个孩子，都是母爱的传承之作，凝聚了一个女人毕生的心血，是她此生最骄傲的杰作。

她看着你一天天茁壮成长，也在感受着自己一天天衰老，而这却使她由衷地感到喜悦，因为她的孩子，快要长大了。

当然，在孩子成长的道路上，母亲不仅是最强大的守护者，还是精神的引导者。林徽因是一位很有思想见地的女人，作为母亲，她也时刻鞭策着孩子们成长。

林徽因的性格独立自主、潇洒不羁，不受婆婆的喜爱也有一定的道理，她不喜欢做家务，总认为这无聊的事情消磨了她的大好时光，然而，她虽嘴上不情愿，行动上却做得比谁都出色。

她依旧无愧于一位优秀的家庭主妇，一位温柔的母亲。

30年代，林徽因与梁思成的家位于北平东城北总布胡同，是一座租来的四合院。方砖铺地，干净整洁，一个美丽的垂花门装饰着小院，屋里摆放着几件从旧货店里精心淘来的老式家具，一两尊在野外考察时无意捡到的残破石雕，以及罗列整齐的书籍。

她用自己的生活趣味和艺术品位，为孩子们营造了一个温馨的生活氛围。每逢假日，总有亲朋好友聚在这个小院落里高谈阔论，欢声笑语此起彼伏，潜移默化中熏陶着两个孩子。

林徽因素来对书爱不释手，自然懂得薄薄的书页，对于个人的精神世界有着怎样重大的影响，因此，她也用书陶冶孩子的心灵。

卢沟桥事变后，战争愈演愈烈，为了避难，他们一家开始了长达9年的颠沛流离。

梁从诫小学二年级时，一家人刚从长沙辗转来到昆明，困顿无助的生活里，林徽因始终不忘对孩子的教育。她十分擅长朗诵，一篇《唐雎不辱使命》，在她绘声绘色的朗读中，两个孩子深切感受到了唐雎的英雄胆色。

3年后，颠簸的生活在继续，一家人又离开昆明来到四川宜宾附近的李庄。连日来的奔波，使得林徽因旧病复发，卧床不起。

行动不便的她只好待在床上，庆幸的是有书籍的陪伴。她读了许多俄罗斯作家的作品，尤其是屠格涅夫的《猎人日记》，使她受益匪浅，于是要求儿子梁从诫认真去读，并在读过之后一起细细体味作者对自然景色的描写。另一本《米开朗琪罗传》是英文版本，两个孩子根本读不懂，她便一边朗读一边讲解，声情并茂地描述米开朗琪罗为圣彼得教堂穹顶作画时的艰辛。

闲来无事时，林徽因会招呼两个孩子坐在她的床前，用感情充沛的声音为他们朗读她写的诗文。

许多年后，儿子梁从诫带着深沉的怀念，在回忆中写道："她的诗本来讲求韵律，由她自己读出，那声音真是如歌。她也常常读古诗词，并讲给我们听，印象最深的，是她在教我读到杜甫和陆游的'剑外忽传收蓟北''家祭无忘告乃翁'，以及'可怜小儿女，未解忆长安'等名句时那种悲愤、忧愁的神情。"

女人本身就是水做的，柔媚动人，而成为母亲之后，更是激活了她所有的温柔。

母亲对于孩子的影响，是深远的，她的柔情和细腻，影响着孩子如何去看待这个世界，如何去感受自己的生活，他们的处世之道，也会从这点滴中积累、变化，形成自己独到的眼光。

林徽因自身从未放弃对平等自由的追求，她是新时代的女性，她的身上有着中国妇女缺乏的洒脱与无畏，她要求平等，她也以平等的身份去对待自己的孩子。

在她与丈夫外出考察时，思念成了最大的心魔，她需要工作，却时刻惦念着家中的小不点儿。而她最大的不同，便在于她把一个8岁的孩子当成一个有着独立思想的大人，她在旅途生活中遇到的种种，甚至考察获得的成果，事无巨细地写进信中，邮寄给孩子们。

如她这般的态度对待孩子，放眼现在，也是少见的。她试着去和孩子交流沟通，彼此打开心房，互相倾听。

忆起那段担惊受怕又缺衣少粮的日子，梁从诫有些怀念："我们的生活总是充满欢笑，精神上很富足。"

精神上的供养是一个母亲的闪光点，照顾孩子饮食起居的同时，也没有忽略孩子在成长的道路上，不仅需要物质的满足，更需要精神上的支撑。

处在青春期的孩子，总是与叛逆脱不开关系，而叛逆并不等同于坏，只不过是家长并不了解孩子的内心世界。

尽管每个人都有过童年，也都曾一步一步走过青春的隧道，有过彷徨和忧伤，却不一定就能设身处地地为孩子着想。

试着去了解一下孩子的想法，以前辈的身份去引导和开解，帮助他/她平稳地度过青春期，学会成长，学会做人。这正是为人父母，能够给予孩子的最宝贵的财富。

梁从诫曾自嘲说，他们一家三代都是失败的英雄；是屡战屡败，屡败屡战。还说，自己如果说从祖父和父母身上继承了点什么的话，那就是信念：一个人要有社会责任感。

母爱是毫无保留的付出，是完全彻底的爱护。

她将时间和精力用在子女身上，不计较得失，不问回报，用生命为孩子们的前程护航。每位母亲都是平凡普通的妇女，她有着自身的局限和狭隘，可这样的缺点并不会影响她对子女的爱。

做一位好母亲的同时，如果有机会，也做一位好女儿吧。

身为人母，也一定更能体会母亲的艰辛与不易，好好孝敬她老人家，用行动告诉她，她的孩子终于强大到可以像她曾经保护自己一样，去保护她。

女人的重任是护她安好，保她喜乐。

这个"她"，有自己的孩子，也有自己的母亲。

将好坏看开

死亡是生命的最后一幕，曾经的悲欢离合也将在这里终止，所有的恩怨情仇也将一笔勾销。

生老病死，人间常态，或早或晚，人人都须面对，与其怨天尤人，不如把好与坏、生与死都看淡、看开。

抗日战争胜利了，林徽因终于可以从偏僻荒凉的小村镇回到心心念念的北平了，崭新的黎明和曙光却并没有给她带来生的奇迹，她在一日一日地走向死亡。

梁从诫回忆道：

这几年里，疾病仍在无情地侵蚀著她的生命，肉体正在一步步地辜负著她的精神。她不得不过一种双重的生活：白天，她会见同事、朋友和学生（按：林洙就是在这段时间内，作为梁林夫妇多年学生助手程应铨的未婚妻，走入他们的世界的），谈工作、谈建筑、谈文学……有时兴高采烈，滔滔不绝，以致自己和别人都忘记了她是个重病人；可是，到了夜里，却又往往整晚不停地咳喘，在床上辗转呻吟，半夜里一次次地吃药、喝水、咯痰……夜深人静，当她这样孤身承受病痛的折磨时，再没有人能帮助她。她是那样地孤单和无望，有著难以诉说的凄苦。往往愈是这样，她白天就愈显得兴奋，似乎是想攫取某种精神上的补偿。四七年前后她的几首病中小诗，对这种难堪的心境作了描述。尽管那调子低沉阴郁得叫人不忍卒读，却把"悲"的美学内涵表达得尽情、贴切。

1945年抗日战争刚刚结束，外界就有她病逝的传闻，李健吾在上海《文汇报》上发表《咀华记余·无题》感叹："一位是时时刻刻被才情出卖的林徽因，好像一切有历史性的多才多艺的佳人，薄命把她的热情打入冷宫。"

好在她福大命大，病逝只是无中生有的误传而已。

1947年，她的肺病已经到了晚期，严重感染的肾脏随时都会夺去她的生命，终止她的呼吸。

同年10月，病情恶化的林徽因住进中央医院，病床上她托人带话给张幼仪，询问能否见上一面。虽不明缘由，张幼仪还是带着徐志摩的儿子徐积锴来到医院。林徽因仔细地打量着这对母子，似乎在确认些什么事情，最终还是没能说出一言半语。

为什么在最后时刻想见一见张幼仪母子，她没有说，我们也就无从知晓，张幼仪也没有问，这是两个女人无声的交流。

这一次住院做手术，林徽因自知凶多吉少，提前给费慰梅写了诀别信，算是最后的道别。没有悲怆，只有淡淡的不舍与留恋。

然而，她是幸运的，再一次与死神擦肩而过。

1949年新中国成立以后，她以主人翁的热情，全身心地投入到祖国的建设中去，鞠躬尽瘁，死而后已，连续熬夜，一再坚持，似乎一下子恢复了最饱满的精神状态。

实际上，她的身体健康已近枯竭。亲近的朋友都知道，拜访她的时候有必要带上一个懂事的人，知道话说到什么时候需要刹车，管住舌头，及时告辞，避免过度耗费她的精力。

50年代，林徽因收获了许多荣耀，而每一份荣耀背后，都隐藏着十二分的辛勤和愈发枯竭的生命力。

1953年，林徽因出席第二届全国文学艺术工作者代表大会，偶遇萧乾。他坐到她的身边，轻轻握了一下她的手，叫了她一声"林小姐"。林徽因感伤地说："哎呀，还小姐呢，都老成什么样子了。"萧乾安慰说："精神不老，就永远不会老。"

她也希望自己不要变老，不要生病，她还有许许多多未能如愿的心事，还有许许多多刚有眉目的计划，她积攒了一辈子的知识学问、经验技术，都要奉献给伟大的祖国。

钱美华在《缅怀恩师》中记录了这么一件小事，在同年12月，林徽因和梁思成请了学生来庆祝他们的银婚纪念。事后，林徽因因天气寒冷先进卧室休息，梁思成感慨地与学生们提到林徽因近年疾病缠身，憔悴了许多。但她心灵却仍旧那么健康，充满创作的生命力，仍不停地用心工作，对生活充满热爱。

生命还在继续，她没有理由放弃生活，不仅不能放弃，还要愈加珍惜所拥有的分秒与朝夕。

幸运之神没有一直眷顾这个早已将生死置之度外的女人。

1954年的秋天，她的病情急剧恶化，必须暂停一切工作，安心静养。

梁从诫在《倏忽人间四月天》中记叙："每天都在床上艰难地咳着、喘着，常常整夜不能入睡。她的眼睛仍然那样深邃，但眼窝却深深地陷了下去，全身瘦得叫人害怕，脸上见不到一点血色。"

1954年冬，林徽因病危，一度从清华移居到北京城内。几乎同时，梁思成因感染肺结核也住进了同仁医院。紧接着，林徽因又住进了梁思成隔壁的病房。到3月底，林徽因一直发着高烧，处在精神昏迷的状态。

医院组织了最有经验的医生尽一切努力进行抢救，肺部大面积感染的事实已经预示了她生命的终结时刻即将到来。

3月31日深夜，弥留之际的林徽因用尽力气，对护士说，她要见一见梁思成。护士好心地回答，夜深了，有话明天再谈吧。

可是，她没能再等到明天。

1955年4月1日清晨6时20分，林徽因咽下了最后一口气，结束了她51年的生命旅程。

想要说的最后几句话，终是没能说出来。

梁再冰的《我的妈妈林徽因》里写道："当父亲被扶到病房时，从来不流泪的他哭得不能自已，坐在妈妈的床边只是重复着'受罪呀受罪呀徽你真受罪呀'，听着真令人肝肠寸断。"

又是一场生离死别，而这一次，是她带着遗憾离开。

再仔细端详一下她的面容吧，下一世，她将以其他面貌出现，此生是无缘再见了。

也许上天待她并不友善，一生的苦难多过安稳，她却都平静地接受了。

远在1945年的时候，医生就已经对她宣判了仅剩5年的寿命，还是在静心休养的前提之下，而她不顾警告将最后的生命献给了祖国，每一分每一秒都是她从死神那里争来的，能坚持到1955年，已是不易。

就像1947年秋她写给费慰梅的信中说的那样："你看，我就这样从水深火热中出来，又进行了这些所谓'不必要的活动'，要是没有这些，我早就死了，就像油尽灯枯——暗，暗，闪，闪，跳，跳，灭了！"

看到这段文字，仿若能看到她俏皮的微笑，得意于自己的顽强。

生命的最后10年里，她时刻面对死亡，也时刻迎接死亡。

不愿就这么草草离开，却不得不默默地准备离开。

生命是生与死的循环和轮回。

在挚友徐志摩去世4周年的时候，她挥泪写下《纪念徐志摩去世四周年》，其中有一段令人记忆尤深：

此时，我却是完全的一个糊涂！习惯上我说，每桩事都像是造物的意旨，归根都是运命，但我明知道每桩事都有我们自己的影子在里面烙印着！我也知道每一个日子是多少机缘巧合凑拢来拼成的图案，但我也疑问其间的摆布谁是主宰。据我看来：死是悲剧的一章，生则更是一场悲剧的主干！我们这一群剧中的角色自身性格与性格矛盾；理智与情感两不相容；理想与现实当面冲突；侧面或反面激成悲哀。日子一天一天向前转，昨日和昨日堆垒起来混成一片不可避脱的背景，做成我们周遭的墙壁或气氛，那么结实又那么缥缈，使我们每一人站在每一天的每一个时候里都是那么主要，又是那么渺小无能为！此刻我几乎找不出一句话来说，因为，真的，我只是个完全的糊涂；感到生和死一样的不可解，不可懂。

她不明死的奥秘，却不忌惮它。从最初的最初，她就决定用自己赌未来，将好与坏都置之度外。死亡注定浸满他人的泪水，弥漫着悲情的色彩，却是人一生之中不可逾越的一环，也是最后一环。

除非临近死亡，否则永远不能感知它是什么滋味。与其将最后的时光用来恐惧害怕，倒不如留着力气和亲爱的家人朋友说声感谢，说声再见。

死亡并不可怕，可怕的是直到死去的那一刻，都没能参透人生的真谛，都没能勇敢一回，将释怀无畏的笑容留在世间。

不留遗憾的最好办法，就是在生的每一天里，尽量将一切看淡、看开，已知活着的不易，又何须再去纠结于既定的事实，上天可以左右你的命运，却不能左右你的心。

▲ 1930年，林徽因与母亲、丈夫和女儿

后记　万古人间四月天

20世纪二三十年代的中国，处在痛苦觉醒的过程中，每一点每一滴的冲击变化都带着剧痛。在这光怪陆离的年代里，外国思潮纷至沓来，思想上的革新或磨合，无一不刺激着有志青年豁出性命、拼上全部去寻求那一剂良方，革命的情绪异常高涨。

20世纪二三十年代的中国，更是大师云集的年代。胡适、梁启超、茅盾、鲁迅等，一个个如雷贯耳的名字，如今看来依旧鲜活张扬。他们用文字激扬青春，指点江山。这是那个时代的符号，引领着那个时代的风向。

林徽因便位于其列，她顾盼生辉的姿态，犀利精辟的谈锋，不拘旧俗的性格，成为独树一帜的风景。热情洋溢的情诗，发人深省的散文，严谨务实的研究报告，感性与理性的碰撞，在她身上显露无疑。

"一身诗意千寻瀑，万古人间四月天。"这是默默地爱了她一生的金岳霖，赠予她的挽联。

将她誉为新月诗派的灵魂人物，也未尝不可，她珠圆玉润的语言，将文字化作灵魂，将是与非、云与雾娓娓道来。她也是中国第一位女建筑师，中华人民共和国的国徽、人民英雄纪念碑都有她的印记，她还是景泰蓝的守护者。

她有着富足的家世，有着常人不及的天赋，也有着不愿多提及的童年阴影。然而更为人们所津津乐道的是她与徐志摩、梁思成、金岳霖剪不断理还乱的感情纠葛。

她引领风尚，却不浮夸；独树一帜，却不自大。

流转不停的温润光年将人生渲染，她与他们的春夏秋冬一一被华光装点。是谁，将不可磨灭的相遇相知赋予她五十余载？

面对接二连三的转折，凡人多会祈天祷地，求神问卜。为了情，为了爱，为了拥有一段稳妥安定的岁月。林徽因自是不会这样去做，她是留洋海外、思想超前的高级知识分子，笃信科学，岂会依赖神佛赐予一切。

她是有着多种角色的女子，与众多不可一世的男子并肩前行。

她是梁思成心中完美无瑕的"好老婆"，是生活的依靠，是事业的伙伴，更是灵魂的契合者。夫妻二人相伴相生，成为密不可分的整体，他懂她的洒脱和率性，所以尽力支持她的一切，甘愿做"太太的客厅"里专注的听众，注视着她的一颦一笑。

为了共同的理想追求，踏破铁鞋，走过山山水水，遍访古迹，风餐露宿、凄风苦雨，都抵挡不住对建筑的向往，好在身边一直都有她在。她的文笔是他论著中的点睛之笔，她是他饱经风霜的一生中，最完美的点缀。

她是宛若人间四月天般灵动美好的珍宝，是徐志摩的初恋，是他第一次全身心爱过的人，又或者，是爱着的人。她的才华横溢，她的冰雪聪明，都深深吸引着他的眼，他的心，他的魂。

林徽因由内而外散发出来的气质，轻易倾倒了已有家室的徐志摩。他为自己找到了"唯一之灵魂伴侣"而庆幸，他认定她才是自己此生结缘的女子。他用情意绵绵的小诗来表达对她的情有独钟，用行动向她证明内心燃烧着的热情。

为了姗姗来迟的真爱，他愿画地为牢，甘愿直面世俗的尖锐与苛责。与结发妻子离婚也好，逼迫她堕胎也罢，都是在伤害一个女人同时，令另一个女人心惊。到头来，清醒理智的林徽因选择离开。

爱而不得的苦果，却令他念念不忘，无法自拔。留在心尖上的那一抹倩影，每每审视，都伴有淡淡的甜蜜与浓浓的哀愁。她是他情愿忍着苦涩，也要尽情思量的人儿。

以幽默、儒雅著称的金岳霖，是她的蓝颜知己。他的宽厚与温润赢得了林徽因的信赖，甚至一度产生非比寻常的情愫。然而爱情的可贵无私正是在于"希望她更幸福"，不忍心见她纠结无措，能以朋友的身份在一旁护她安好，于他而言，何其幸福。

老金向世人阐明，爱情不是互相霸占，如若带着不管不顾的占有欲在一起，是自私的，结果未必美满。

不得不说，金岳霖是一位贴心的倾听者，适时地加以安慰与鼓励，让她多了份心安。他更是一位忠实可信的守护者，不言不语，却关怀备至、体贴入微，他的无言，岁月都懂。

林徽因与金岳霖的感情，正应了那句话，"友情比爱情更长久"。

作为诗人，她有着无可比拟的幸运。生前不曾有半点寂寥，身后依旧未曾被忘记，她的是是非非仍然为人们所谈论，并以不同的方式追寻着她踏过的足迹。

不是每个女人都能拥有像她这样的宠遇，不是每个女人都可以获得他人的注目，被他人吸引容易，想要吸引他人，却是不易。所以对于林徽因的受宠，人们一边羡慕嫉妒，一边想一探究竟。

林徽因的一生，以其令人捉摸不透的复杂性，丰富着那一片历史的天空。她经久不衰的魅力，如同她的生命力，在人们的记忆中顽强地存在着。

1955年4月1日6时20分，林徽因病逝于同仁医院，享年51岁。

她的人生就此结束，她的故事却依旧在流传。

料理后事的治丧委员会由张奚若、周培源、钱端升、钱伟长、金岳霖等13人组成，皆是她生前的至交，由他们送她走完最后一程，为她的人生画上句点。

4月3日，林徽因的追悼会在北京市金鱼胡同贤良寺举行。前来吊唁的人络绎不绝，恸哭声连成一片，语言在此时此刻没了力气，唯有眼泪明明白白。

去世后，她的遗体安葬在八宝山革命公墓，墓碑下方有一块汉白玉，刻着秀丽别致的花圈，如她般素雅。

她的墓碑由丈夫梁思成亲手设计，整体朴素简洁，上书"建筑师林徽因之墓"，以此告慰她的灵魂。

至此，华丽的一生散场。

与幸福有关的一切，不在来世，就在这坦荡潇洒的今生。